Kay Pohlmann

Mein Leben als Balljunge

AF210216

Mein Leben als Balljunge

Bekenntnisse eines Hundehalters

Kay Pohlmann

Bibliografische Information der Deutschen Nationalbibliothek:
Die Deutsche Nationalbibliothek verzeichnet diese
Publikation in der Deutschen Nationalbibliografie;
detaillierte bibliografische Daten sind im Internet
über http://dnb.dnb.de abrufbar.

Herstellung und Verlag:

BoD – Books on Demand, Norderstedt

ISBN: 978-3-7583-2132-0

EINE ART WIDMUNG

Dieses Buch widme ich all den Menschen, die mich dazu ermutigt haben, zwei Hunde zu halten.

Zwei Hunde sind wie ein Hund, haben sie gesagt.

Mit dem zweiten Hund wird alles einfacher, haben sie gesagt.

Du wirst sehen, der erste Hund erzieht den zweiten mit, haben sie gesagt.

Nach mehr als zwölf Jahren Hundehaltung (denn hinterher ist man immer schlauer) weiß ich:

Das war die dreisteste Lüge seit Christoph Daums Kokain-Interview. Mindestens.

Zwei Hunde sind dann doch eher wie fünf Hunde, was die Lautstärke betrifft.

Zwei Hunde fressen doppelt so viel.

Müssen aber NIE zu den gleichen Zeiten raus.

Sind doppelt so krank wie ein Hund und kosten in der Tierarztpraxis selbstverständlich das doppelte,

Ganz zu schweigen von Hundesteuer, geeigneten Urlaubsquartieren, passender Autogröße et cetera et cetera.

Also, an alle, die mir zum zweiten Hund geraten haben:

Danke für nix!

Wobei, das Leben mit zwei Hunden hat selbstverständlich auch seine guten Seiten.

Doppelt so viel Begeisterung, nur weil du zur Türe hereinkommst.

Doppelte Kuscheleinheiten auf dem Sofa oder im Bett.

Doppelt so viele Gründe, um zu lachen, glücklich zu sein und im Hier und Jetzt zu leben. (Außer, das Hier und Jetzt findet mal wieder bei 2° und Eisregen statt, aber dazu kommen wir noch).

Doppelt so viele Hundeaugen, die jeden deiner Schritte beobachten, vor allem die Richtung Küche.

Deswegen nochmal:

Danke für alles!

KAPITEL 1 LEBEN MIT HUND

Das Leben mit einem oder mehreren Hunden kann anstrengend sein. Darauf hatte ich in meiner Widmung bereits hingewiesen. Aber das ist eine der Hundewahrheiten, die man nicht oft genug wiederholen kann. Deswegen hier die ausdrückliche Warnung:

ACHTUNG - SIE VERLASSEN IHRE KOMFORTZONE!

Leben mit Hund bedeutet, jedes Mal, wenn die Wohnung frisch geputzt ist, schmutzige Pfotenabdrücke auf dem Boden zu haben.

Bedeutet, notfalls nachts fünf Mal bei Regen, Schnee, Hagel und Sturm (meistens alles zusammen) aufzustehen, um mit dem Hund Gassi zu gehen.

Bedeutet, viele Stunden seines Lebens damit zu verbringen, mit fremden Menschen über ihren Hund und den eigenen zu reden.

Bedeutet, mitten in der Nacht von lautem Gebell geweckt zu werden, weil zwar kein Einbrecher vor der Tür steht, sondern ein Igel/eine Katze/ein Käfer die Unverschämtheit besitzt, im eigenen Revier aufzutauchen.

Bedeutet, mit Vergänglichkeit und Tod klarkommen zu müssen. Leider werden unsere vierbeinigen Begleiter nicht so alt wie sie eigentlich müssten. Das heißt, euer Hund wird irgendwann sterben. Dazu später mehr. Damit wollen wir uns jetzt noch nicht beschäftigen.

KAPITEL 2 WIE MEIN HUND MICH AUSGEWÄHLT HAT

Ehrlich gesagt hat mich nur der dritte Hund ausgewählt. Nummer eins hat für uns das Tierheim ausgewählt. Eigentlich hatte ich das Thema Hund gar nicht mehr auf dem Schirm. Als Kind wollte ich immer einen Hund, aber mein Vater wollte nicht und hat lange Negativ-Listen angelegt, warum ein Hund keine gute Idee ist. Was einiges über das Verhältnis zu meinem Vater und meine Kindheit allgemein aussagt. Das wollen wir aber an dieser Stelle nicht weiter vertiefen. Jahre später hatte ich meine eigene Familie, bestehend aus mir, der Göttergattin und drei Kindern, die aus dem gröbsten heraus waren. Also waren wir als Familie so weit, uns einen Hund anzuschaffen. Vielleicht. Irgendwann.

Ein paar Tage später ist Bella dann in unser Leben getreten und hat uns fast zwölf Jahre lang begleitet. Das kam so:

Es war der siebzehnte Geburtstag unseres ältesten Sohns. Wir (also meine Frau) hatten als besondere Überraschung ein Wochenende in einer Jugendherberge mit der ganzen Familie gebucht. Was ein totales Fiasko war. Noch der gleiche labbrige rote Tee zum Abendessen wie zu meiner Kinderzeit, Stockbetten und Bettwäsche, zu der der Jüngste nur meinte: "Sieht ja aus wie im Knast!". Von wegen, die Jugendherbergen seien viel besser als früher, quasi wie Hotels. Das müssen sehr fragwürdige Hotels sein. Menschen, die solche Behauptungen in die Welt setzen, waren vielleicht auch noch nie in ihrem Leben in einem Hotel mit mehr als einem Stern, weil sie im Urlaub auf überflüssigen Luxus verzichten können. Um die Vergangenheit ruhen zu lassen, werde ich unsere Erlebnisse nicht weiter ausführen. Nur so viel: Völlig entnervt sind wir nach dem ersten Abendessen wieder nach Hause zurückgefahren und haben seither nie mehr auch nur den großen Zeh über die Schwelle einer Jugendherbergstür gesetzt. Never ever! Niemals.

Gar nicht!

Jetzt waren wir also wieder zu Hause und froh, in vernünftigen Betten zu schlafen und leckeren Tee zu trinken, wenn wir möchten. Plötzlich rief mich meine Frau aufgeregt an den Computer. „Guck mal, im Tierheim haben sie Welpen. Schwarze Labrador-Welpen!" Die sehr niedlich aussahen, das muss ich zugeben. Aus irgendeinem mir bis heute völlig schleierhaften Grund hatte ich unvorsichtigerweise in einem Nebensatz einmal erwähnt, dass ich, wenn überhaupt einen Hund, dann nur a) einen Labrador und b) selbigen in schwarz wolle. Wer konnte denn ahnen, dass meine Frau seit diesem Tag das Internet durchsucht hat. Das fragliche Tierheim befindet sich in Belgien und macht einen soliden Eindruck. Außerdem hat eine befreundete Familie ihren Hund von dort, ein sehr energiegeladener Schäferhund-Mix der tollpatschigen Art.

Es ist bereits Abend und deswegen schon zu spät, um etwas zu unternehmen. Deswegen lege ich die Angelegenheit gedanklich fürs Erste ad acta. Als ob ich meine Frau nicht besser kennen würde.

Am nächsten Tag (Sonntag) telefonierte sie eine Minute, nachdem das Tierheim geöffnet ist, mit einem sehr netten Herren. Natürlich hat sie einen Termin gemacht, nur mal gucken.

Was, wie wir alle wissen, nie funktioniert. Wir haben in Windeseile die Wohnung einigermaßen hundesicher gemacht und sind nach Belgien gefahren.

Keine zwei Stunden später sind wir an unserem Ziel angekommen. Das Tierheim ist klein, übersichtlich und vor allem sauber. Wir gehen in den separaten Quarantänebereich, in dem die wuseligen schwarzen Welpen wohnen. Sie sind knuffig und sehen aus wie kleine schwarze Teddybären. Sehr aufgedrehte Teddybären. Einer der Hunde springt am Gatter hoch und will uns begrüßen. Dann geht alles schnell. Eine andere Familie ist auch noch da, die werden doch nicht unseren Hund wegschnappen?

Einer der Tierheimmitarbeiter stürzt sich mitten zwischen die Hunde, schnappt sich einen und legt ihn mit den Worten: "Ein Mädchen, die ist reserviert für Bonn" meiner Frau in die Arme. So viel zu nur mal gucken.

Meine Frau hatte also einen knuddeligen Welpen auf dem Arm. Nach kurzem schnuppern machte Bella es sich in ihren Armen bequem. Und schlief ein. Der Blick meiner Göttergattin ist schwer zu beschreiben. Eine Mischung aus schockverliebt, siebten Himmel und Mutterinstinkt, vermute ich. Als nächstes sitzen wir am Tresen und bekommen den Adoptionsvertrag und den Heimtierausweis. Zum Glück ist das Tierheim gut ausgestattet, so dass wir auch gleich eine Erstausstattung zusammenkaufen. Futter, Halsband, Leine, Napf, Körbchen. Dazu ein Handtuch aus dem Zwinger und der Tipp, einen Wecker ins Körbchen zu legen, der den Hund an den Herzschlag der Mama erinnert. Wir nicken und sind auf einmal alle wieder im Auto. Hund und die beiden jüngeren auf dem Rücksitz, die Frau und ich vorne. Die Tochter hat den Hund auf dem Schoß, was sie sehr glücklich macht - noch. Und schon geht es los Richtung Heimat, 150 Kilometer zurück.

Wir sind gerade ein paar Meter gefahren, als Bella verdächtige Geräusche von sich gibt.

Es kommt, wie es kommen muss: Sie kotzt. Ein bisschen. Na gut, denken wir, der Hund ist noch nie Auto gefahren und die Strecke ist sehr kurvig. Zum Glück wissen wir noch nicht, dass dies der Beginn einer sehr langen und schwierigen Leidenszeit ist.

Wenige Kilometer weiter wird es dann richtig schlimm. Sie kotzt die gesamte Rückbank samt Kind voll. Auf dem nächsten Rastplatz auf der Autobahn in Belgien muss leider die Hose der Tochter dran glauben, die ist nicht mehr zu retten. Ohne Hose und eingewickelt in eine warme Decke, immerhin ist es Februar, geht es weiter gen Heimat. Wo wir ohne weitere Kotzattacken ankommen. Dass das Trockenfutter vollkommen unverdaut war, gibt uns noch nicht zu denken. Erst Jahre später werden wir wirklich wissen, was mit dem armen Hund los ist.

Zuhause angekommen, tragen wir Bella die Treppe hinauf. Sie tapst durch die Wohnung wie ein kleiner Bär und sieht sich um. Sie ist kein bisschen ängstlich. Die Katzen findet sie gut, was nicht auf Gegenseitigkeit beruht. Natürlich macht sie auch gleich Pipi auf den Teppich. Das war aber auch nicht anders zu erwarten. Und natürlich findet sie doch eine Schokoladenverpackung, die wir übersehen haben. Nach kurzem Kampf gibt sie ihre Beute wieder her. Die Nacht ist erstaunlich ruhig, sie legt sich in ihr Körbchen neben unserem Bett und pennt.

So geht es die nächsten Tage weiter, schlafen, fressen, Gassi gehen, repeat. Weil wir auf der zweiten Etage wohnen, müssen wir sie die Treppen hinuntertragen. Welpen sollen noch keine Treppen laufen, steht in einem der unzähligen Hundebücher, die meine Frau gekauft hat. Mir fällt nur auf, dass unser Wonneproppen jeden Tag schwerer wird.

KAPITEL 3 DAS GROßE HUNDESCHUL-FIASKO

Als Bella alle Impfungen durchhat, ist es so weit: Sie wird eingeschult! Ausgesucht haben wir (also meine Frau) eine ländlich gelegene Hundeschule, die im Internet einen ganz nette Homepage hat, mit den nötigen Qualifikationen aufwarten kann, einen einigermaßen kompetenten Eindruck macht und vor allem einen Platz frei hat, denn einen Platz in der Hundeschule ist zu bekommen ist fast genauso schwierig wie ein Kindergartenplatz.

Also fahren wir frohen Mutes mit unserem zwölf Wochen alten Welpen Mädchen hin. Zuerst kennenlernen auf der Wiese. Die anderen Hunde sind alle schon 16 Wochen alt, also im schönsten Halbstarkenalter. Sie stürzen sich auf Bella und jagen sie kreuz und quer über den Platz, mörderisches Gebell eingeschlossen. Bella mag das überhaupt nicht und flüchtet schließlich entsetzt zwischen uns und versteckt sich. An den anderen Hunden hat sie nach dem ersten Schock

verständlicherweise überhaupt kein Interesse mehr.
Sitz kann sie eh schon, wir haben schließlich geübt.
Platz nicht. Der Boden ist eiskalt und sie muss gefühlte
zwei Stunden ausharren. Bis die Praxis endlich vorbei
ist und es reingeht zum theoretischen Teil. Bella rollt
sich auf dem Schoß meiner Frau zusammen und schläft
sofort ein. An die Theorie kann ich mich überhaupt
nicht mehr erinnern. Wir sind froh, als wir es endlich
hinter uns haben. Bella zittert am ganzen Körper, als sie
wach wird und die anderen Hunde sieht.

Das war also ein ziemlicher Schuss in den Ofen.

Noch schlimmer ist allerdings, dass sie sich durch die ei-
sige Kälte auf dem Übungsplatz eine Blasenentzündung
geholt hat, die uns eine ganze Weile beschäftigen wird.
Notfalltierarzt eingeschlossen. Das einzig gute (für
Bella) ist dabei, dass sie auf dem Sofa bei uns liegen
darf, was wir eigentlich gar nicht erst anfangen wollten.
Auf dem kalten Boden soll sie aber auch liegen. Wat
willste machen. Die nächsten elf Jahre wird sie also mit
uns auf dem Sofa liegen. Was bei einem Welpen noch
problemlos ist. Sich neben einen ausgewachsenen

Labrador zu quetschen ist allerdings etwas ganz anderes. Aber was tut man nicht alles für die geliebten Fellnasen?

KAPITEL 4 KOMMUNIZIEREN MIT DEM HUND

Oder auch: Was ich sage, vs. was mein Hund versteht.

Hunde kommunizieren mit uns. Wir kommunizieren mit Hunden. Hunde kommunizieren untereinander. Was soll dabei schon schief gehen?

Problematisch ist, dass in jedem Hundebuch zwar davon geschrieben wird und in jeder beliebigen Hundeschule Kommunikation ganz großgeschrieben wird, in der Praxis aber doch sehr viele Fallstricke lauern. Kommunikation zwischen verschiedenen Spezies funktioniert nur, wenn man sich darauf einlässt. Das gilt für beide Seiten, aber mehr noch für die menschliche.

Sendungen im Fernsehen vermitteln nicht immer einen korrekten Eindruck davon, wie schwierig das sein kann. Dazu kommt dann das ~~Gefasel~~ Erklären von Bindung, „will to please" und was es noch so alles gibt.

Wichtig zu wissen ist, dass dein Hund dich verstehen will, aber ganz anders tickt. Gut ist, dass Liebe in diesem Fall tatsächlich durch den Magen geht und man mit Leckerlis eine ganze Menge erreichen kann. Aber beschweren Sie sich nicht bei mir, wenn der Tierarzt Sie bei der nächsten Untersuchung anpfeift, weil der Hund zu dick ist.

Wie also mit dem Hund kommunizieren? Einfach und klar, wie mit Kleinkindern. Nicht bestrafen, wenn etwas nicht direkt klappt. Und Geduld haben. Mit der Zeit klappt es bestimmt. Mehr oder weniger.

Ungefähr so: Ich sage: „Ella, wollen wir spazieren?" Sie versteht „Ball".

„Ella, bist du müde?" Sie versteht: „Ball".

„Ella, mach Sitz". Sie versteht: „Ball".

Es ist Essenszeit. Sie versteht „Essen". Hier sind wir uns einig.

„Wollen wir in den Garten?" Sie versteht: „Ball spielen". Sie erkennen sicher das Muster.

„Nein!", „Nicht!" oder ähnliches begreifen Hunde auch irgendwann. Wenn es gut läuft, relativ schnell. Wenn nicht, viel Spaß beim Training.

Ihren Namen verstehen Hunde auch. Bei zwei Hunden kommen aber meist beide, wenn man einen von ihnen ruft. Oder keiner, je nachdem, in welchem Ton und in welcher Stimmung man ruft.

Überhaupt, der Name. Auch so eine Sache. Hundenamen entwickeln eine gewisse Eigendynamik. Meist hat der Hund nicht nur einen, sondern mehrere Namen. Interessanterweise hören unsere Hunde auch auf abstruse Spitznamen. Vor allem, wenn Essenszeit ist.

Nochmal, weil es so wichtig ist: Bei der Kommunikation mit dem Hund gilt, wie bei allem, Geduld, Geduld und noch mehr Geduld. Je besser man sich gegenseitig kennenlernt, desto besser läuft es irgendwann mit der Verständigung. Und das ist eines der tollsten Features am Zusammenleben mit Hunden. Wir haben die Möglichkeit, mit einer anderen Spezies zu kommunizieren. Das lässt doch hoffen, dass auch die menschliche

Verständigung eines Tages funktionieren kann, allen Widerständen und Gegensätzen zum Trotz.

In vielen Hundebüchern bekommt man den Tipp, jeden Befehl mit Gesten zu kombinieren. Aus der Praxis mit einem alternden Hund (der wie ein alter Opi nur noch hört, was er hören möchte) kann ich nur sagen, ja, das ist einer der Ratschläge, die man befolgen sollte. Übungen dazu gibt es mittlerweile im Netz wie Sand am Meer. Einfach ausprobieren. Und keine Angst, Hunde sind nicht so doof wie wir. Es muss nicht gleich beim ersten Mal alles perfekt ausgeführt sein. Deswegen heißt es ja auch Lernen.

Hunde lernen durch Erfahrung, Wiederholung und Belohnung. Leider lernen sie vor allem die Dinge, die sie eigentlich nicht lernen sollten. Es klingelt an der Tür. Riesengebell. Briefträger oder Paketbote stehen da. Das Bellen geht weiter. Man nimmt die Post an. Der Briefträger verzieht sich wieder. Was hat der Hund gelernt? Prima, wenn ich belle, kommt der Eindringling nicht näher und haut wieder ab. Das lernt der Hund problemlos nach ein oder zwei Wiederholungen. Der Ablauf ist immer der gleiche. Nun gibt es in den diversen Erziehungsratgebern und Hundeschulen auch tolle Erziehungsmethoden, um dem Hund das Gebell auszutreiben. Hierzu mein Tipp: Vergessen Sie es. Es sei denn, Sie haben einen mit Engelsgeduld gesegneten Postzusteller, der nichts lieber tut als vor ihrer Türe zehn Minuten oder länger zu warten, bis der Hund endlich ruhig ist. Wir wissen doch alle, wie es in der Realität aussieht: Wenn die Tür nicht innerhalb von drei Millisekunden geöffnet wird, ist der Zusteller über alle Berge und Sie können Ihre Post in der Postfiliale XY abholen. Sie wissen schon, die, die am schlechtesten zu erreichen ist und die kürzesten Öffnungszeiten hat.

Also vergessen sie alle wohlgemeinten Ratschläge, lassen die Köter bellen und gehen einfach an die Tür. Wenn Sie dabei ruhig bleiben, lernt der Hund möglicherweise, dass er kein großes Aufheben um die Sache machen muss. So in zehn oder fünfzehn Jahren. Oder auch gar nicht.

Unser Chaot aus dem Tierheim (siehe gleichnamiges Kapitel) hatte am Anfang vor allem panische Angst, dass a) männlich war und b) irgendeine Art von Uniform getragen hat. Es war nicht besonders hilfreich, dass ein paar Häuser weiter ein Feuermann gewohnt hat und die Feuerwache nur ein paar Meter entfernt war. Briefträger haben nun auch eine leicht erkennbare Uniform. Draw your own conclusions.

Elli kommt hingegen von einer sehr netten Züchterin, die stolz darauf ist, dass ihre Hunde alle so prima Wachhunde sind. Was in einer ländlichen Gegend auch kein großes Problem darstellt. Im Gegensatz zum dicht besiedelten städtischen Großraum. Hier gibt es jeden

Tag hunderte Begegnungen, die der Hund als Gefahr für die Familie einstuft. Vögel, Igel, Katzen, alles wird mit großer Begeisterung weggebellt. Ganz zu schweigen vom besagten Briefträger respektive Paketboten, der oder die sich nach jeder gelungenen Bellattacke wieder trollt. Ein Riesenspaß für die Hunde und auch ein toller Erfolg. Immerhin schaffen sie es, mit ihrem Gebell den Eindringling zu vertreiben. Steht in jedem Hunderatgeber als klassisches Beispiel für selbstbelohnendes Verhalten. Dem habe ich nichts hinzuzufügen.

Wer es bisher noch nicht mitbekommen hat, weil er die letzten zwanzig oder so Jahre in einer Höhle verbracht hat, dem (oder der) sei gesagt, ein Hund kostet ein kleines Vermögen. Aber das rechnen wir am Anfang unseres Hundehalterlebens genauso wenig durch wie die Kosten für ein Kind, nicht wahr?

Der Hund kostet an sich schon mal, wenn wir ihn vom Züchter oder aus dem Tierheim holen. Je nach Rasse können schon einmal mehrere tausend Euros zusammenkommen. Und nein, Hunde kauft man NICHT im Internet, nicht bei Ebay und schon gar nicht von irgendwelchen dubiosen Kofferraumverkäufern, die den Hund für die Hälfte des üblichen Preises anbieten. An dieser Stelle reicht der Hinweis, dass das Geschäft mit Welpen mittlerweile lukrativer ist als Menschenhandel! Von unseren bisher drei Hunden kamen zwei aus dem Tierheim und einer von einer netten Hobbyzüchterin. Die Hunde aus dem Tierheim werden in der Regel gegen eine Schutzgebühr abgegeben, Hunde vom Züchter gegen sehr viel mehr Bares. Dafür sind die Hunde vom

Züchter mit mehr oder weniger beeindruckenden Papieren ausgestattet. In beiden Fällen sind die Tiere geimpft, gechipt und (meistens) entwurmt. Bei der Züchterin gab es ein Welpen Paket mit dazu. Das bestand aus Futter für die ersten Tage, Näpfen, Spielzeug, etwas zum Kauen und einem Kuscheltier. Das Kuscheltier hat sie heute noch (mit über drei Jahren). Und es ist das einzige, das noch heil ist.

Zuhause fängt der Spaß mit Moneten dann erst richtig an. Der Hund wird zum Steuerzahler, was von Gemeinde zu Gemeinde eine sehr unterschiedliche Belastung sein kann. In unserer schönen ehemaligen Hauptstadt zahlt man für zwei Hunde mehr als doppelt so viel wie für einen. Aber natürlich zahlen wir alle unsere Hundesteuer gerne, denn wir bekommen ja auch etwas dafür zurück, oder? In der Regel nicht eingezäunte Freilaufflächen an dicht befahrenen Straßen und leere Hundekackabeutel. Und natürlich auch unfassbar freundliche Ordnungsamtsmitarbeiter, die uns mit netten Worten auffordern, den Hund wieder anzuleinen und ähnliches.

Futter verschlingt je nach Größe des Hundes auch eine ganze Menge Geld. Hier gibt es sicher kein Patentrezept. Meistens fährt man mit dem Futter vom Züchter ganz gut. Trotzdem kommt da monatlich auch eine stattliche Summe zusammen.

Dazu noch Tierarztkosten für die jährlichen Impfungen und Wurmkuren, die recht überschaubar sind. Krankheiten dagegen können ganz schön ins Geld gehen, denn natürlich wird der Hund am liebsten am Wochenende oder nachts krank, wenn der Tierarzt gerne saftige Zuschläge nimmt. Soll der Hund kastriert werden, kommen auch einige hunderte Euros zusammen.

Wichtig ist auf jeden Fall auch der monatliche Zeckenschutz, den sollte man nicht vernachlässigen, hält man sich damit doch auf lange Sicht schlimme Krankheiten vom Hals. Bei Hündinnen kommen dann mit der Läufigkeit noch Hygieneartikel dazu. Auch das kann ins Geld gehen. kommt zum Glück nur ein- bis zweimal im Jahr vor (bei größeren Rassen).

Was kommt sonst noch dazu? Urlaube mit Hund kosten mehr Geld, weil die Ferienunterkünfte teurer sind.

Hundeschule kostet auch Geld sowie Spielzeug, Kuscheltiere, Körbchen, Decken, Regenmäntel (wenn der Hund sehr lange Haare hat und nicht leicht trocknet, nur zu empfehlen!)

Insgesamt kommen im ersten Hundejahr leicht xxx Euro zusammen.

Machen wir uns nichts vor, Hunde sind (sehr liebens-
werte) Opportunisten, die unsere Schwächen gnaden-
los ausnutzen. Das zeigt sich nirgends so deutlich wie
am Essenstisch. Wir kennen alle diesen "Gib mir was
ab, ich verhungere" Blick aus tieftraurigen Hundeaugen. Wer könnte dazu schon "Nein" sagen? Es soll Hun-
dehalter geben, die ihre Erziehungsratgeber studiert
haben (wahrscheinlich liegen die bei denen unter dem
Kopfkissen, aber das ist eine andere Geschichte) und
selbstverständlich standhaft bleiben. Ich bin nicht aus
solch hartem Holz geschnitzt, und so bekommen die
Hunde ab und an ein Bröckchen vom Tisch ab. Natürlich
nur solche, die der Hund auch verträgt, also eine Kar-
toffel, ein Stückchen Ei oder so etwas. Unser Hundemädchen liebt Bananen, also gibt es ab und zu auch ein
Stückchen davon. Ein richtiger Minion eben.

Dazu kommen dann auch noch die Momente, in denen
der Hund nicht brav bettelt und wartet, bis er etwas
bekommt, sondern Mundraub begeht. In anderen Worten: Er/sie klaut vom Tisch! Das ist natürlich eine ganz

andere Sache, denn hier kann der Hund theoretisch etwas erwischen, das nicht gesund für ihn ist. Also hat man als gut erzogener Hundebesitzer nur zwei Möglichkeiten: Nichts mehr zu sich nehmen, das der Hund nicht essen darf oder den Tisch rund um die Essenszeiten bewachen, wie der Secret Service den Präsidenten der Vereinigten Staaten.

Doch auch diese Alternative hat ihre Grenzen, vor allem wenn man es mit einem sehr schlauen (oder sehr verfressenen) Hund zu tun hat. Unbestrittene Königin des Vom-Tisch-Klauens war unsere leider schon nicht mehr lebende Hündin Bella. Sie hat eine Menge ausgeklügelte Strategien entwickelt, um uns vom Tisch weg zu locken.

Hier ihre Top 3:

1. Phantomgebell oder Wer ist da an der Tür?
    Die Taktik besteht darin, zur Essenszeit plötzlich loszubellen und an die Tür zu rennen. In dem Moment, in dem einer vom Tisch aufsteht, um nachzusehen (es könnte ja tatsächlich jemand vor selbiger stehen) rast der Hund wie

ein geölter Blitz zurück zum Tisch und schnappt sich, was sie vom Teller kriegen kann. Erfolgsquote 60-70%.

2. Streit anfangen.

Eine ganz ähnliche Taktik. Die Familie sitzt gemütlich am Essenstisch. Die Hunde liegen friedlich und ausnahmsweise nicht bettelnd unter dem Tisch. Wie aus dem Nichts geht Hund A auf Hund B los und piesackt ihn. Wer nun aufsteht, um den vermeintlichen Streit zu schlichten, verliert. So schnell wie er begonnen hat, ist der Streit vorbei und der Teller um einige Elemente leerer. Erfolgsquote 80%.

3. Die Oma-Attacke

funktioniert bei allen Arten von Besuch und ist ganz einfach. Wenn alle am Tisch versammelt sind, kommt der Hund zu einem der Besucher (am liebsten eine der nichtsahnenden Omas) und tut so, als wäre er (beziehungsweise sie) auf Streicheleinheiten aus und die Oma der tollste Mensch, den dieser Hund je gesehen hat. Sobald die Oma darauf reinfällt und sich dem Hund zuwendet, springt dieser mit einem olympiaverdächtigen Sprung hoch und räumt den Teller ab. Erfolgsquote nahezu 100%.

Und nun ist Bella schon mehr als drei Jahre tot und ich vermisse ihre Diebstähle vom Tisch immer noch.

KAPITEL 8 WO SCHLÄFT DER HUND?

Gegenfrage: Wo nicht? Unsere Hunde schlafen manchmal in ihrem Körbchen oder auf ihrer Decke, meistens auf dem Sofa oder einem Sessel und vor allem in unserem Bett. Dagegen ist auch nichts einzuwenden. Bei unserem ersten Hund wollten wir alles richtig machen. Also durfte der Hund weder ins Bett noch aufs Sofa. Gut, so klein, wie sie war, konnte sie auch nicht aufs Bett springen. Sobald sie groß genug wurde, ist sie aufs Sofa gekrabbelt. Im Bett hat sie nicht gelegen, das war ihr wohl zu warm.

Hund Nummer zwei, der Chaot aus dem Tierheim, der noch sein eigenes Kapitel bekommt, hat in der ersten Zeit tagsüber nur kurz gedöst. Aber im Bett hat er sich am Fußende zusammengerollt und geschlafen. Heute schläft er allerdings nur noch im Bett, wenn niemand drin liegt. Altersbedingt muss er auch Anlauf nehmen, um überhaupt hineinzukommen. Hat er das geschafft, genießt er sein Luxusbett. Hund Nummer drei schläft definitiv bei uns im Bett. Das war alles nicht geplant, scheint aber für Mensch und Hund die beste Lösung zu sein. Hunde sind soziale Tiere, die gerne zusammen kuscheln. Oder eben ihre Menschen mit Kontaktliegen beglücken. Zum Glück ist die Ehefrau nicht sehr groß, da stört der Hund nicht so sehr. Bei ausgewachsenen Ehemännern kommen schon mal Konflikte auf. Diese werden kurzerhand so gelöst, dass der Hund auf die andere Seite des Bettes gescheucht wird.

Tagsüber schlafen unsere Hunde auch gerne einfach auf dem Fußboden, am liebsten mitten im Weg und da, wo die Sonne hin scheint. Teure Hundekörbchen sind bei uns rausgeschmissenes Geld. Weidenkörbe oder anderes Naturmaterial hat eine Halbwertszeit von maximal dreißig Minuten, auch andere Körbchen werden zernagt und zerfleddert. Deswegen sind wir auf leicht zu reinigende Decken und Hundekissen umgestiegen. Die leben schon eine ganze Weile, erstaunlich eigentlich, wenn ich so darüber nachdenke.

Ein Tipp für unterwegs: Immer ausreichend Decken und Kissen für die Hunde mitnehmen, denn: der Hund kotzt immer dann, wenn nicht genug Material vorhanden ist. Decken sind auch wichtig, um das Hab und Gut anderer zu schützen, die man mit den beiden Hunden ~~heimsucht~~ besucht. Der Hund findet es immer ganz nett, seine eigene Decke dabei zu haben. Damit haben wir die perfekte Überleitung zum nächsten Kapitel.

In allen Hundebüchern, die ich bisher gelesen habe (gut, manche nur angelesen und einige hat auch meine Frau gelesen) steht sinngemäß, dass Hunde keinen Urlaub brauchen. Das heißt aber nicht, dass sie nicht gerne mit uns unterwegs sind. Grundsätzlich stellt sich die Frage: Urlaub mit oder ohne Hund? Unseren Familienurlaub machen wir mit Hunden. Das bedeutet, dass wir mit dem Auto fahren.

Übernachtungsmöglichkeiten suchen wir nach Hundefreundlichkeit aus. Bisher haben wir mit zwei Hunden Urlaub im Zelt, im Mobilheim und in Ferienwohnungen gemacht.

Urlaub mit Hund im Zelt ist eine logistische Herausforderung. Wir sind zwar nicht mit einem eigenen Zelt gereist, sondern haben fertig eingerichtete Hauszelte eines europaweit bekannten Anbieters für Campingurlaub gebucht. Trotzdem, zelten ist immer noch das, was wir aus dem Jugendlager kennen. Es ist dreckig, unter Umständen nass und Ameisen gibt es auch zuhauf. Wem all das nichts ausmacht, der kann mit den Vierbeinern einen günstigen Urlaub verbringen. Uns hat es zum Zelten auf die Ile de Ré verschlagen, eine zauberhafte französische Atlantikinsel vor La Rochelle. Die Insel ist vor allem bei den Parisern sehr beliebt. Im August ist es sehr voll. Deswegen lieber nicht zur Hauptsaison reisen, wenn es sich vermeiden lässt. Wenn nicht, sollte man wissen, dass Hunde nicht an alle Strände dürfen. Das ist aber nicht schlimm, weil es genügend unbewachte Strände gibt, an denen der Hund frei laufen darf. Die Fahrzeit aus dem Rheinland beträgt ungefähr 12 Stunden, mit vielen Pausen für die Vierbeiner. Am besten nachts fahren, es kann heiß werden und rund um Paris ist immer Staugefahr.

Besondere Highlights auf der Ile de Ré für unsere Hunde:

1. Sich in einem mindestens ein Meter hohen Haufen vergammelter Algen wälzen. Igitt. Den Geruch habe ich heute noch in der Nase. Das direkte Ergebnis dieser Wellnessbehandlung

war die anschließende Dusche mit Eselsseife (Spezialität der Insel). Zum Glück hat der Campingplatz eigene Hundeduschen. Aber auch die wunderbare Seife konnte den Geruch nicht vollständig eliminieren.

2. Frische Krabben direkt vom Strand. Gefunden, kurz beschnuppert und herzhaft zerkaut und hinunter geschluckt. Das Gehäuse wurde wieder ausgespuckt. Ich hatte keinen Schimmer, dass der Hund Krabben mag. Zum Glück war sie wohl noch frisch, so dass es keine unangenehmen Folgen gab.

3. Die Märkte mit den tollsten Lebensmitteln genau in Nasenhöhe. Es ist mir bis heute ein Rätsel, wie Bella da standhaft geblieben ist und nicht zwanzig Eselswürste im Vorbeigehen inhaliert hat.

Schöne Urlaube mit Hund haben wir auch in den belgischen Ardennen verbracht. Diesmal aber im Ferienhaus, mal in einem Ferienpark mit tropischem Schwimmbad und allem Drum und dran und mal in einem privaten Ferienhaus. Die Ardennen sind für Hunde ein Paradies, schattige Wälder zum Spazieren gehen, was besonders im Sommer schön ist. Wasser zum Planschen und leckeres Bier (gut, das ist mehr für Herrchen).

Zu besichtigen gibt es auch reichlich: Burgen, römische Landgüter, Höhlen (allerdings nur ohne Hund, Hinkelsteine (hier: Dolmen oder auch Megalithen). Eindrucksvoll sind die Dolmen von Wéris, hier gibt es auch eine sehr schöne Hunderunde durch die Natur. Besonders ist auch der Park von Furfooz, auch hier kann man tolle Spaziergänge unternehmen. Weiter im Osten des Landes liegen weitere Naturschätze. Ins Hohe Venn darf der Hund leider nicht, aber es gibt genügend Alternativen drum herum. Frites gibt es überall, allerdings nicht rund um die Uhr.

Wenn das Wetter sonnig ist, lockt die belgische Nordseeküste mit kilometerlangen Stränden, Poldern, Ruhe (wenigstens in der Nebensaison) und Frietjes. Wir waren bisher immer in einem Ferienpark in Oostduinkerke im Westhoek, zwischen Ostende und der französischen Grenze gelegen. Oostduinkerke ist weltberühmt für die Paardenvissers (Pferdefischer), die mit ihren Pferden in der Dünung Garnelen fischen. Zum Meer geht man ungefähr 30 Minuten. In der Hauptsaison darf der Hund auch hier tagsüber in der Regel nicht an den bewachten Strand. Aber keine Sorge, Alternativen gibt es zuhauf. Im Hinterland der Küste gibt es viel zu entdecken. Eindrucksvoll (ohne Hund) ist das In Flanders-Fields-Museum in Ypern. Mit Hund entdecken kann man bei Ebbe die Schiffswracks der Operation Dynamo (siehe "Dunkirk" von Christopher Nolan) am Stand von Zuydcoote nur einen Steinwurf von der belgischen Grenze entfernt in Frankreich.

Wir schätzen es sehr, dass unsere Hunde in Belgien und Frankreich gerne gesehene Gäste sind. Fast jedes Mal, wenn wir freundlich gefragt haben, ob der Hund mitkommen darf, war die Antwort: "Oui, bien sûr!". Beispiel: Metzgerei an einer belebten Straße mit einem deutlich zu sehenden Schild: "Pas de Chiens/Geen

Honden". In der Metzgerei ein älterer Herr **mit** Hund, der ein Schwätzchen mit der Verkäuferin hält und niemanden stört es. Genauso im Restaurant. In der Regel darf der Hund mit. Wir haben sogar schon kleine Hunde am Tisch gesehen. Drinnen, nicht im Biergarten. Hat auch niemanden gestört. Gut, wir haben das mit unseren beiden Labradoren nicht ausprobiert. Das wäre vielleicht ein bisschen zu viel des Guten gewesen.

Zuletzt noch ein paar No-Brainer:

1. EU-Heimtierausweis mitnehmen
2. Wenn der Hund ein Sensibelchen ist, ausreichend Futter mitnehmen.
3. Den Hund NIE alleine im Auto lassen. Egal wo. Auch wenn es bewölkt ist. NIEMALS!
4. Auf Ausflügen genug Wasser mitnehmen, mindestens 1 l, besser 1,5 oder mehr. Der Hund muss trinken, vor allem am Strand.
5. Apropos Strand: Der Hund braucht einen Schattenplatz. Wir nehmen eine große Pop-Up

Strandmuschel mit. Die reicht für 4 Menschen und 2 Hunde.

6. Die meisten Unterkünfte wollen keinen Hund im Bett oder auf dem Sofa. Just saying.

7. Und alleine bleiben darf der Hund in der Unterkunft auch nicht.

8. Selbstverständlich sollte der Hund eine Marke mit eurer Handynummer haben (oder die Tasso-Marke), falls er doch mal wegläuft.

KAPITEL 10 HILFE, DER HUND IST WEG

Einer der größten Albträume eines jeden Hundemenschen ist, wenn der Vierbeiner plötzlich verschwindet. Egal wie viel ihr aufpasst, es kann passieren. Uns ist es auch schon passiert! Deswegen hier zuallererst der wichtigste Tipp: Meldet euren Hund in einem Haustierregister an und hinterlegt eure Kontaktdaten. Der Hund bekommt dann einen Anhänger mit einer Kennung und der Telefonnummer der Organisation. Wenn der Hund dann abhanden kommt, kann der geneigte Finder dort anrufen und die netten Menschen vom Haustierregister rufen euch umgehend an.

Bella ist mir einmal in der Rheinaue weggelaufen. Sie war im hohen Gras unterwegs, ich habe sie nicht mehr gesehen und dann war sie weg. Einfach so. Vermutlich einer Kaninchenspur hinterher, was weiß denn ich. Ich habe sie gerufen und nach ihr gesucht, zwecklos. Ich bin sämtliche Wege, die wir zuvor gegangen sind, hin und her gelaufen. Der Hund war weg. Keine Spur zu sehen. Wie vom Erdboden verschluckt. Nach einer gefühlten Ewigkeit musste ich meine Suche abbrechen, um den Sohnemann von der Schule abzuholen. Mit furchtbar schlechtem Gewissen. Das Schlimmste stand mir aber noch bevor: Die Frau auf der Arbeit anrufen und beichten, dass ihr geliebter Hund weg ist.

Das ist bei ihr nur so semi gut angekommen. Sie hat sofort alles stehen und liegen gelassen und ist nach Hause gerast. So gut man mit öffentlichen Verkehrsmitteln halt rasen kann.

Zuhause angekommen haben wir uns aufgeteilt und die ganze Gegend abgesucht. Nichts. Kein schwarzer Hund. Nicht das winzigste Fitzelchen einer schwarzen Hundeschnauze zu sehen.

Meine Frau hat dann schließlich ihr Fahrrad geschnappt und ist losgeradelt, um Bella weiter zu suchen.

Keine hundert Meter von unserem Zuhause entfernt kommt ihr ein sehr schwarzer, sehr gut gelaunter Labrador entgegen. Natürlich auf der Straße, nicht auf dem Bürgersteig und entgegen der Fahrtrichtung.

Sozusagen ein Geisterhund. Es war aber keine Erscheinung, sondern unsere Bella, wie sie leibte und lebte. Offensichtlich hatte sie nach fast fünf Stunden ihren Bedarf an Abenteuer gedeckt und wollte pünktlich zum Abendessen wieder zu Hause sein. Meine Frau war natürlich unglaublich erleichtert und froh. Es flossen einige Tränchen, aber zum Glück ist alles gut ausgegangen. Nicht auszudenken, wenn sie von einem Fahrrad oder Auto angefahren worden wäre.

Unser Chaot ist beim Spaziergang im Wald weggelaufen. An einem kleinen Bach habe ich ihn abgeleint, damit er trinken kann. In diesem Moment tauchten fern am Horizont zwei Rentner mit Fahrrädern auf. Vor denen muss er sich so erschreckt haben, dass er alle vier Beine in die sprichwörtlichen Hände genommen hat und wie ein geölter Blitz in die entgegengesetzte Richtung verschwunden ist. Den sehen wir nie wieder, dachte ich und bin mit dem anderen Hund (angeleint!) im Schlepptau zum Parkplatz zurück. Dabei habe ich mir die ganze Zeit die Lunge aus dem Hals geschrien, ohne Ergebnis.

Ohne Hund Nummer zwei und mit einem Knoten im Bauch sind Hund Nummer eins und ich nach Hause gefahren. Kaum dort angekommen und bevor ich die Ehefrau anrufen konnte, klingelte schon das Telefon. Es war der freundliche Revierförster, der unseren Hund gefunden hatte. Fly war schlau, er ist auf den Parkplatz zurückgelaufen und hat mich und das Auto gesucht. Hätte ich doch ein bisschen länger gewartet. Also wieder ins Auto und zum Waldparkplatz gerast, nein, ich meine natürlich mit angepasster Geschwindigkeit hingefahren.

Fly - der normalerweise Männer und andere Hunde nicht so gerne mag - saß wie eine Eins auf dem Beifahrersitz des Försterautos. Hinten sind zwei riesige Jagdhunde. Fly sitzt da und sieht sehr zufrieden mit sich und der Welt aus. Förster fragt, warum ich denn nicht länger gewartet hätte. Fly muss kurz nachdem ich weggefahren bin aufgetaucht sein und hat wohl ziemlich dumm geguckt. Zum Glück kam der Förster in dem Moment und hat die Situation direkt geschnallt, Fly ins

Auto geladen und telefoniert. Die ganze Aktion hat vielleicht eine Stunde gedauert. Nachdem ich hoch und heilig versprochen habe, den Hund im Wald nicht mehr ohne Leine laufen zu lassen (tue ich bis heute nicht mehr, ist auch eh verboten, aber das steht auf einem anderen Blatt) habe ich meinen Hund wieder ins eigene Auto gepackt und bin nach Hause. Bei Bella hielt sich die Wiedersehensfreude in Grenzen. Der Rest der Familie war sehr glücklich, dass Fly heil wieder zuhause war.

Insgesamt sind wir sehr froh, dass die beiden ihre jeweiligen Ausflüge so gut überstanden haben. Bella ist zwar nie mehr richtig weit weggelaufen, hat unsere Geduld aber noch häufiger strapaziert. Ich kann gar nicht zählen, wie viele Stunde wir uns die Beine in den Bauch gestanden haben (vorzugsweise in glühender Hitze, im strömenden Regen oder bei Eiseskälte, nie bei normalen Wetterbedingungen) und darauf gewartet haben, dass Madame sich wieder blicken lässt. Mal waren es Rehe, die sie in weiter Ferne gesehen hat, mal Kaninchen, mal Vögel. Das ist erst besser geworden, als sie älter und krank wurde. Aber wenigstens hatte sie bis dahin Spaß. Im Urlaub ist zum Glück noch nie etwas passiert. Das war der Albtraum meiner Frau. Wir sind irgendwo im In- oder Ausland, wo die Hunde sich nicht gut auskennen, und dann sind sie plötzlich weg. Ich wünsche euch allen, dass euch diese Erfahrung erspart bleibt.

KAPITEL 11 DER TUT NIX LIVE IN ACTION

Was mag ich als Hundemensch am allerwenigsten? Andere Hundebesitzer und ihre Tölen.

Im Ernst. Ich kann es nicht leiden, wenn Leute die Hinterlassenschaften ihrer Hunde nicht ordentlich wegräumen. So schwer kann das mit den Kackbeuteln doch nun wirklich nicht sein. Genauso schlimm finde ich, wenn man seinen unerzogenen und nicht abrufbaren Hund einfach ohne Leine herumlaufen lässt. Am liebsten drei oder vier Rabauken, die auf meinen (selbstverständlich angeleinten) Hund losstürmen, begleitet vom Erkennungsruf aller ignoranten Hundebesitzer "Der tut nix!". Wer's glaubt. Tut er doch was, kommt prompt ein erstaunt geheucheltes "Hat er ja noch nie gemacht!" Nach diversen Begegnungen mit Beißern, Mobbern und größenwahnsinnigen Fußhupen möchte ich hier einen einfachen Appell loswerden: Lasst mich in Ruhe. Meine Hunde und ich wollen keinen Kontakt. Und wenn doch, kommen wir zivilisiert auf euch zu, nicht umgekehrt. Kapiert?

Für diejenigen, die es nicht verstanden haben, hat unsere Bella sich eine ganz besondere Taktik zugelegt: Kam ein Hund frontal entgegen, hat sie sich flach auf den Boden gedrückt und ganz klein gemacht. Hat der andere Hund sie in Ruhe gelassen, war alles gut. Kommt er weiter auf sie zu, ist sie im letzten Moment aufgesprungen und hat ihn angebellt. Wenn der Hund nett war, hat sich daraus manchmal ein Spiel entwickelt. Meistens kam es aber zu einem Bark Off, bei dem mal der eine, mal der andere gewonnen hat. Bella hat von sich aus nie die Konfrontation gesucht und war anderen gegenüber trotz zu besten Zeiten 33 Kilogramm sehr unterwürfig. Aber auch der netteste Hund hat irgendwann die Schnauze voll. Zwei besonders nervige Miniköter haben jedes Mal, wenn Bella an ihrem Grundstück vorbeikam (lag auf dem Weg zum Fressnapf, sehr unpraktisch!) durch die Hecke gebellt und auch zugeschnappt. Eines Tages hat sie einen der beiden auf dem Fressnapf-Parkplatz getroffen und kurzen Prozess mit ihm gemacht. So hat Bella die Hunde, die sie besonders geärgert Sie hat ihn sich gepackt und einmal kräftig durchgeschüttelt, nicht gerührt. Der Kleine hat es zum Glück ohne Blessuren überstanden und fortan war Ruhe am Zaun, wenn Bella vorbeiging.

Fly hat eine ganz andere Taktik entwickelt, um unangenehmen Hunde- und Menschenbegegnungen auszuweichen. Wobei ausweichen vielleicht nicht das richtige Wort ist. Ausweichen tut er eigentlich nicht. Seine Taktik ist "Seek and Destroy", im übertragenen Sinne. Er sieht einen Hund, er fängt an, wie blöd zu bellen und rumzuspringen. Etliche Hundetrainer (davon einige bekannt aus Funk und Fernsehen) haben es nicht geschafft, ihn davon abzubringen. Er bellt, als hinge sein Leben davon ab. Nicht schön. Und meistens auch nicht erfolgreich, weil die anderen Hunde sich so gar nicht von dem Berserker an der Leine beeindrucken lassen. Jetzt, wo er alt ist, wird es ein bisschen besser, aber ich glaube, das liegt nur daran, dass er nicht mehr so kann wie früher. Wollen würde er schon noch.

KAPITEL 12 HUNDE SIND VOM PLANETEN PLUTO, KAT-ZEN SIND MIR VÖLLIG EGAL

Das ist vielleicht übertrieben. Katzen sind nicht so schlimm. Obwohl, wenn ich so richtig darüber nachdenke: Katzen SIND fiese, hinterhältige, Vögel meuchelnde Kreaturen. Den Shitstorm kann ich aushalten. Beispiele gefällig: Unsere Bella war gerade ein paar Tage bei uns, als eine der Katzen, die damals noch bei uns gewohnt haben, dem kleinen Welpen das Ohr blutig gekratzt hat.

Oder die Katze, die auf jedem Spaziergang in einer Hecke versteckt auf arglose Fußgänger (zwei- und vierbeinig) gewartet hat, um zu attackieren.

Die Katze, die sich in der Garderobe unter den Mänteln versteckt, hat den gleichen diabolischen Plan. Man kann die Besucher, die fast einen Herzinfarkt vor Schreck bekommen haben, gar nicht zählen.

Absolute Nummer eins ist die klingelnde Katze unserer Nachbarn, die unseren Garten heimsucht. Kein Witz, das blöde Vieh springt mit Vorliebe nachts um drei Uhr über unseren Zaun und drückt dabei auf unsere Klingel. Wer jemals nachts um drei mit Sturmgeklingel aus dem Bett aufgeschreckt wurde, kann vielleicht meinen Rachedurst nachvollziehen. Nach diesem Adrenalinstoß ist Einschlafen so gut wie unmöglich. Und wenn dann doch endlich das müde Haupt ermattet aufs Kissen sinkt, dann spätestens fängt der Katzenkampf unter dem Fenster an. Das machen die doch extra!

Nachdem das blöde Vieh dann endlich in unserem Garten ist, lungert sie noch ein bisschen auf unserer Terrasse herum, was die Hunde wieder in Alarmstufe Dunkelrot versetzt. Ist sie dann endlich fertig mit ihrer nächtlichen Ruhestörung, wandert sie seelenruhig (die Seele einer Katze muss rabenschwarz sein wie die tiefste Nacht) wieder nach Hause, natürlich nicht ohne die Klingel zum zweiten Mal auszulösen.

Ganz davon abgesehen, kackt sie überall hin und killt Vögel und Mäuse. Aus all diesen Gründen kann ich mich mit Katzen nicht so richtig anfreunden. Solltet ihr also Katzenbesitzer sein und euch in dieses Buch verirrt haben, haltet eure Katzen gefälligst in eurem eigenen Garten oder eurer eigenen Wohnung und schiebt das Problem nicht auf andere ab! Zumindest könntet ihr den Viechern ein Glöckchen umhängen, damit die Vogelwelt gewarnt wird. Dann klappt es vielleicht auch wieder mit den Nachbarn.

KAPITEL 13 EIGENTLICH MÖCHTE ICH KEINEN ZWEITEN HUND

So hat sich das Leben also langsam eingespielt. Die Familie und der Hund kommen leidlich gut miteinander aus. Was ein synonym dafür ist, dass der Hund (in diesem Fall eine sie) die Prinzessin ist, die von allen vergöttert wird, inklusive Großeltern. Das Leben ist toll, die Kinderkrankheiten überwunden. Und an diesem Punkt kommt meine Frau auf die Wahnsinnsidee, dass ein zweiter Hund doch eine tolle Sache wäre. Sie hat eindeutig zu viele Hundebücher gelesen, in denen etwas von Rudeltieren und sozialen Kontakten steht. Die Kinder sind begeistert, klar. Sie gehen ja auch nicht bei jedem Wind und Wetter mit dem Hund spazieren. Wobei, der Fairness halber muss ich an dieser Stelle erwähnen, dass in den Nächten meine Frau mit dem Hund rausgeht, damit ich meinen Schönheitsschlaf bekomme. Und es gibt Phasen, da muss der Hund tatsächlich krankheitsbedingt nachts vier bis fünfmal raus. Dazu kommen wir noch in einem eigenen Kapitel.

Wir leben in einer Demokratie, nicht in einer Diktatur. Heißt, meine Frau bestimmt, dass wir einen zweiten Hund anschaffen und meine Einwände werden als üble Schwarzmalerei abgebügelt. So ist das nun mal in einer Familie. An dieser Stelle kann ich nur noch einmal wiederholen: "Ich hab's euch gleich gesagt", dazu später mehr. Meine Frau googelt fortan auf den Internetseiten diverser Tierheime, bevorzugt natürlich auf der des Tierheims unseres Vertrauens. Tatsächlich findet sich einige Zeit später der ideale Kandidat, auch ein Labradormischling, aber blond. Auf den Bildern ist er zuckersüß und meine Frau schmilzt dahin. Viel weiß das Tierheim nicht über ihn, außer, dass er ein Fundhund ist und noch recht jung ist. Auch diese wenigen Informationen lassen bei uns keine Alarmglocken schrillen.

Heute weiß ich ganz genau, was es bedeutet: Überraschungspaket mit unbekannter Vergangenheit und eingebauten Erziehungsproblemen. Nicht, dass wir uns falsch verstehen: Fly ist ein toller Hund geworden, der zwar seine Macken hat, in der Familie aber völlig unproblematisch ist.

Aber zurück zum eigentlichen Thema. Die Frau ist völlig aus dem Häuschen, weil Fly optisch so gut zu Bella passt, und hat das Telefon in der Hand, bevor ich etwas sagen kann. Ich kann nur noch rufen: "Frag, ob er irgendwelche Macken hat." Sie nickt nur und runzelt die Stirn. Dann entspannt sich ein Gespräch zwischen ihr und der anderen Seite. Natürlich fragt sie nicht explizit nach Macken. Sie meint nur, dass das Tierheim auch nicht viel über ihn sagen kann. Warum wir trotz all dieser ungünstigen Vorzeichen trotzdem mit Bella ins Auto steigen, ist mir bis heute ein Rätsel. Nach gut zwei Stunden Fahrt sind wir wieder da. Die freundlichen Tierheimmenschen haben schon auf uns gewartet und bringen Fly zu uns. Mein erster Eindruck: Ein hübsches Nervenbündel. Wir gehen ein bisschen mit ihm spazieren, er zieht an der Leine wie verrückt, was wir auf das Leben im Tierheim mit wenig Auslauf zurückführen. Wir Narren. Bella ist nur mäßig begeistert und knurrt ihn erstmal gepflegt an. Das wird sich die nächsten zehn Jahre nicht groß ändern. Sie wird bei jeder sich bietenden Gelegenheit versuchen, ihn loszuwerden. Nach dem schon recht anstrengenden Minispaziergang sollen die Hunde sich nun noch besser kennenlernen. Dazu geht es in den umzäunten Auslauf. Fly rennt und rennt wie von der Tarantel gestochen und Bella hinterher. Die Tierheimmitarbeiterin die das ganze wohlwollend beobachtet meint, dass Bella ihm ruhig zeigen soll, wer der Boss ist. Und dass die zwei gut miteinander klar-kommen werden. Das klingt zu schön, um wahr zu sein. Mir ist immer noch nicht wohl bei der Idee, zwei Hunde zu halten. Andererseits möchte ich dem kleinen Kerl auch nicht antun, im Tierheim zurückzubleiben. Also wird der Adoptionsvertrag gemacht und Fly fährt mit

uns nach Hause.

KAPITEL 14 DER CHAOT AUS DEM TIERHEIM

Die Fahrt verläuft ohne größere Katastrophen. Keine Kotzerei, keine Kämpfe im Kofferraum, kein Gebell. Wir sind ganz angetan. Zuhause angekommen ist Fly nervös und Bella nicht begeistert. Sie hat wohl jetzt erst gemerkt, dass der Typ aus dem Tierheim nicht einfach wieder verschwindet. Ihre Begeisterung hält sich sehr in Grenzen. Fly läuft die ganze Zeit herum und ist sehr aufgeregt, was wir auf die unbekannte Situation schieben. Stubenrein ist er allerdings, was ein Pluspunkt ist. Die erste gemeinsame Mahlzeit endet fast in einer Katastrophe. Fly ist extrem futterneidisch und attackiert Bella, als sie sich seinem Napf nähert. So etwas kennt sie gar nicht und ist völlig verschreckt, hält dann aber dagegen. Beinahe gibt es eine Beißerei, die ich gerade noch verhindern kann, indem ich todesmutig dazwischen gehe. Aber auch nach diesem Intermezzo schrillen bei uns noch keine Alarmglocken.

Die nächsten Tage verlaufen relativ unauffällig. Außer, dass Fly sehr nervös ist und kaum zur Ruhe kommt, was wir auf den Tierheim-Stress zurückführen. Das führt dazu, dass meine Frau tagsüber alle Rollläden schließt und sich ganz ruhig hinsetzt, damit der Hund schlafen kann. Für fünf Minuten kommt er dann auch immer mal runter, dann geht das rumgetigere gleich wieder los. Wir vermuten, dass er wohl nicht gut sozialisiert ist. Und wir wissen nicht, wie lange er sich alleine auf der Straße durchgeschlagen hat. Beim nächsten Spaziergang kommt es zum Baguette-Incident, und das kam so: Wir gehen an einer Straße mit Radweg entlang. Fly ist furchtbar nervös und zerrt an der Leine. Da kommt ein Fahrrad des Wegs, auf dem Gepäckträger ein frisches Baguette vom Bäcker. Wir können gar nicht so schnell gucken, wie Fly plötzlich los bellt, einen riesigen Satz Richtung Fahrrad springt und das Baguette klaut.

Der konsternierte Fahrradfahrer hält an und schaut sich reichlich verdutzt um, während wir Fly das kaum in Mitleidenschaft gezogene Baguette abringen und dem Eigentümer unter wortreichen Entschuldigungen zurückgeben. Der findet die Situation zum Glück eher witzig als gefährlich. Wer kann schon von sich behaupten, in Deutschland von einem vierbeinigen Wegelagerer gebaguettenapped zu sein. Fly bellt währenddessen wie verrückt. Peinlich, peinlich. Den nächsten Herzinfarkt bekomme ich (fast, ist alles gut gegangen) als ich von der Arbeit nach Hause komme und Fly es schafft, im Familiengewusel aus der Türe zu entwischen und Fersen (beziehungsweise Pfoten-)geld zu geben. Er läuft natürlich Richtung große Straße, aber auch in unserer ruhigen Anliegerstraße schießen reichlich Autos durch. Ich rase wie verrückt hinterher und rufe "Haltet den Hund fest." Ein barmherziger (wenn auch sturzbetrunkener) Samariter erbarmt sich und schafft es tatsächlich, den Hund festzuhalten. Keuchend bedanke ich mich und führe den Delinquenten ab. Langsam wird es anstrengend mit dem zweiten Hund.

Die nächste kleinere Katastrophe passiert, als Fly aus dem Garten zurück ins Haus läuft. Die Treppe zum Garten besteht aus Lochgitter, in dem er natürlich hängen bleibt und sich eine Kralle ausreißt. Die Frau ist auf der Arbeit und kann mir nicht helfen. Fly blutet wie verrückt, also packe ich ihn und fahre zum Tierarzt. Der denkt erst, er hätte einen Verkehrsunfall gehabt. Hund wird betäubt, die Kralle wird entfernt und die Pfote verbunden. Wir bekommen die Aufgabe, den Verband regelmäßig zu wechseln. Leichter gesagt als getan.

Fly mag es überhaupt nicht, wenn man ihm zu nahe kommt. Von Anfassen ganz zu schweigen. Wir sollen versuchen, den Verband so gut es geht zu wechseln und ihm einen Schuh überzuziehen, wegen Schmutz und so. Wir sind zwei Erwachsene gegen einen Hund, was kann da schon schief gehen. Meine Frau ist mit Verbandmaterial und dem Pfotenschutz ausgerüstet und nähert sich todesmutig der Bestie, während ich versuche, Fly festzuhalten. Leider habe ich keine vier Arme. Fly zeigt ganz deutlich, dass ihm das ganze äußerst missfällt. Dabei können wir im Schnelldurchlauf sämtliche Eskalationsstufen des hündischen Warnverhaltens wahrnehmen, vom leichten Fletschen über Knurren bis hin zum Schnappen. Trotzdem legen wir den Verband an. Nur meine Frau bekommt den Schnapper ab und hat einen blutenden Zahnabdruck im

Unterarm. Sie zuckt kurz, desinfiziert die Stelle und klebt ein Pflaster drauf. Eine kleine Narbe hat sie immer noch. So sind sie, die Frauen. Ich wäre vermutlich in die Notaufnahme gerast.

Die nächsten Tage und Wochen werden insgesamt nicht besser. Auf den Spaziergängen wird es immer schlimmer, Fly keift und bellt alles an, was ihm irgendwie unheimlich ist. Männer mit Regenschirm, Männer in Uniform, Kinderwagen, Roller, Fahrräder, andere Hunde, alte Frauen, einfach alles. So langsam dämmert uns, dass der Hund anscheinend überhaupt nicht sozialisiert ist. Zuhause kommt er auch immer noch nicht zur Ruhe, nur nachts legt er sich mit ins Bett und schläft ein wenig. Auffällig ist auch, dass er bei jedem Trillerpfeifen Pfiff zusammenzuckt und den Schwanz einzieht. Wir gucken also keinen Fußball mehr im Fernsehen. Und wenn wir mit Bella schimpfen, ist er ganz ängstlich und zeigt alle Anzeichen von Panik. Wir fragen uns, ob wir uns nicht zu viel zumuten und ob es nicht besser wäre, ihn ins Tierheim zurückzubringen. Ich bin dafür, meine Frau dagegen. Also bekommt er eine letzte Gnadenfrist. Einige Tage später ruft mich meine Frau auf der Arbeit an, dass sie nicht mehr kann und Fly ins Tierheim zurück soll. Sie hat sogar schon dort angerufen. Wir können ihn am selben Nachmittag zurückbringen.

Ich habe einen Kloß im Hals. Und entscheide mich dagegen, ihn zurückzubringen. Dabei habe ich vor einigen Tagen selber darauf bestanden, dass er zurück muss, weil er so anstrengend ist und kaum zu bändigen. Aber ich bringe es einfach nicht übers Herz, ihn aufzugeben. Auch wenn er uns in den nächsten Jahren sehr viel abverlangen wird.

Spoiler Alarm: Er ist mittlerweile seit zwölf Jahren bei uns.

Es ist, als hätte er gemerkt, was los ist. Zuhause benimmt er sich mittlerweile ganz gut. Er ist nicht mehr so nervös, macht keine Zicken beim Essen und kommt mehr und mehr zur Ruhe. Sobald wir nach draußen gehen, wird er zum panikgesteuerten Berserker. Wenn er nicht gerade im Krawallmodus ist, zuckt er ängstlich vor allem zusammen, was ihm unheimlich ist. Blätter, fremdartige Geräusche, Vögel, Wind, Regen. Alles macht ihm Angst. Mittlerweile geht meine Frau mit ihm morgens sehr früh spazieren. Zwischen vier und fünf Uhr, wenn möglichst wenig draußen los ist. Dabei hat er sogar Angst vor seinem eigenen Schatten. Der arme Hund. Drinnen ist er dann immer froh, dass er nicht mehr in Lebensgefahr ist. Drinnen kommt er immer mehr zur Ruhe. Am besten schläft er im Keller auf dem nackten Boden. Wer weiß, wo er aufgewachsen ist. Bei einem seiner frühen Spaziergänge werden Fly und meine Frau sogar zu Lebensrettern. Sie gehen durch die dunklen Straßen, kein Mensch ist unterwegs. Da sehen sie aus der Tür eines Mehrfamilienhauses dicken schwarzen Qualm quellen. Meine Frau ruft die Feuerwehr, die auch direkt kommt. Die Feuerwache ist quasi um die Ecke. Da Fly aber bekanntermaßen keine Uniformen mag, verschwinden die beiden, bevor die Feuerwehr eintrifft. Später lesen wir in der Zeitung, dass das Haus nicht leer stand, wie wir immer gedacht haben, sondern tatsächlich noch bewohnt war. Die Bewohner wurden von der Feuerwehr gerade noch rechtzeitig aus dem brennenden Haus gerettet. Nicht auszudenken, was passiert wäre, wenn Fly nicht so ein spezieller Hund wäre.

So geht das Leben langsam weiter. Allerdings sind wir noch weit entfernt von einem normalen Alltag. Fly vertraut uns mittlerweile doch, was aber zur Folge hat, dass er panisch wird, wenn er alleine ist. Selbst wenn es nur für eine halbe Stunde ist. Er pflügt eine Schneise der Verwüstung durch das Wohnzimmer und zerkaut alles, was ihm zwischen die Zähne kommt. Zeitungen, CD- und DVD-Hüllen, Bücher. Nichts ist vor ihm sicher. Und es ist erstaunlich, wie viel er in einer halben Stunde schafft. Also organisieren wir unser Arbeitsleben um die Hunde herum. Ich arbeite früh und meine Frau spät. Das wiederum hat zur Folge, dass wir uns mittags nur kurz abklatschen können, bevor sie zur Arbeit rast. Aber das nehmen wir in Kauf, denn uns ist klar, dass Fly so nicht vermittelbar ist und bestenfalls zu einem Wanderpokal würde, der von Familie zu Familie weitergereicht wird. Oder, noch schlimmer, sein Leben komplett im Tierheim hinter Gittern verbringen müsste. Das können wir ihm nicht antun! Das wiederum führt dazu, dass er diverse Hundetrainer verschleißt, ohne dass es wirkliche Fortschritte gibt. Schon alleine die Methode, ihn mit Leckerchen zu belohnen, klappt kein bisschen. Wenn er draußen ist, ist er immer noch so sehr im Survival-Modus, dass er überhaupt nicht ans Essen denkt und die Leckerchen schlicht verweigert. Selbst Leberwurst oder Käse (seine absoluten Favoriten) kommen gegen seine Panik und seinen schieren Überlebensstress nicht an.

Wir leben deswegen eher zurückgezogen und mit wenig Besuch, was tut man nicht alles für die Hundis. Zum Glück haben wir nette Vermieter, die selber Tierschutzhunde haben und Veganer sind. Die vermieten uns ein sehr schönes, ein wenig in die Jahre gekommenes Haus mit großem Garten, ein Paradies für Fly auf seine alten Tage. Hier blüht er richtig auf und genießt sein Rentnerdasein. Bella findet es auch prima, weil alles ebenerdig ist und sie deswegen mit uns in einem Zimmer schlafen kann. In dem alten Haus ging das nicht mehr, weil sie die Treppe nicht mehr hinaufgehen konnte und sie zu schwer zum Hochtragen war. Aber das ist Stoff für das nächste Kapitel.

KAPITEL 15 LEBEN MIT EINEM CHRONISCH KRANKEN HUND

Das Leben mit Hunden ist schon manchmal kompliziert. Und als wäre es nicht kompliziert genug, erhöht Bella die Schwierigkeitsstufe spielend. Gut, sie kann nichts dafür und es dauert ewig, bis wir die Diagnose bekommen. Obwohl es die Anzeichen von Anfang an gegeben hat. Deswegen hier ein paar gut gemeinte Ratschläge: Wenn ihr das Gefühl habt, dass mit eurem Hund etwas nicht stimmt, hört auf euer Bauchgefühl und geht zu mehreren Ärzten, bis ihr eine Diagnose habt! Wir haben uns viel zu lange mit tierärztlichen Allgemeinplätzen abspeisen lassen und hätten Bella viel früher helfen können, wenn wir gewusst hätten, was mit ihr los ist.

Aber von Anfang an. Schon auf der ersten Autofahrt nach Hause hat Bella sich kräftig übergeben. Das haben wir auf das ungewohnte Schaukeln beim Fahren zurückgeführt. In den nächsten Wochen erbricht sie immer mal wieder. In sämtlichen Hundebüchern steht, dass Hunde beim Essen nun mal schlingen und man sich bei gelegentlichem Erbrechen keine Sorgen machen soll. Das bestätigen uns auch diverse Tierärzte, also messen wir dem Ganzen keine große Bedeutung bei. Ihr Gewicht entwickelt sich auch gut, so dass kein Anlass zur Sorge besteht. Denken wir. Dann bekommt sie die erste Blasenentzündung, die mit Antibiotika behandelt wird. Danach hat sie immer mal wieder Durchfall und Erbrechen, teilweise richtig heftig mit zehnmal nachts nach draußen. Dazwischen gibt es immer auch Abschnitte, in denen sie kerngesund ist. Wir versuchen es mit Futterumstellung, damit wird es ein bisschen besser, denken wir. Schließlich landen wir bei einer Kombination aus Nassfutter und Flocken. Das mag sie gerne und sie nimmt weiter zu. Trotzdem bleiben Erbrechen und Durchfall unsere ständigen Begleiter. Wenn es mal wieder ganz schlimm ist, bekommt sie Reis mit Möhren und Hühnerbrust, frisch gekocht selbstverständlich. Auch das mag sie gerne. Wobei sie mit Futter definitiv nicht wählerisch ist, sondern eher zur "Ich mag alles" Essensfraktion gehört. So vergeht das erste Jahr und irgendwann kommt die erste Läufigkeit. Dabei verschlechtert sich das Erbrechen rapide. Der Tierarzt tippt auf Hormonchaos, gibt ihr ein paar Spritzen und es wird augenscheinlich besser. So vergehen einige Jahre. Sie mampft sich mit 33 Kilo bis an das obere Ende der Gewichtsskala für Labradormädchen.

Immer wieder hat sie längere Perioden mit Erbrechen und Durchfall. In diesen Zeiten stehen wir nachts drei- bis viermal auf, um ihr Erbrochenes wegzuwischen oder mit ihr vor die Türe zu gehen. Sie ist während der ganzen Zeit ein lieber und ruhiger Hund. Nur wenn der Paketbote oder Briefträger vor der Türe steht, gibt es ordentlich Gebell. Was Fly gerne unterstützt. Nach dem x-ten Mal Durchfall testet der Tierarzt auf Giardien. Natürlich haben beide welche. Also, jeden Tag den Wassernapf auswechseln, Medizin nehmen und darauf achten, dass die Hunde nicht aus Pfützen trinken. Was leichter gesagt als getan ist, denn Bella ist ein richtiges Moderlieschen. Im Wald legt sie sich mit der größten Begeisterung in das ekligste Wasser. Und Pfützen trinkt sie quasi in einem Zug aus. Aber irgendwie kriegen wir es hin und der Brechdurchfall wird besser. Dabei wird Bella um einiges leichter. Dann der nächste Schock. Sie hat eine Schwellung an der Gesäugeleiste. Die nicht von selbst wieder weggeht. Der Tierarzt rät zur Operation. Also wird sie unter Vollnarkose operiert, es ist tatsächlich ein Tumor. Ob bös- oder gutartig, wissen wir erst nach der histologischen Untersuchung in einem Speziallabor in München. Die Untersuchung ist richtig teuer und wir verbringen ein paar ungemütliche Tage damit, auf den Befund zu warten. Dann das Ergebnis: Der Krebs ist gutartig! Ein Glück. Bella hat Narkose und Operation sehr gut überstanden und ist schon wieder die Alte.

Auffällig ist nur, dass ihr Fell sehr glanzlos und schuppig ist. Also wieder zum Tierarzt.

Dem fällt aber nicht viel ein, er gibt ihr eine Spritze und das war es. Sie ist auch gar nicht mehr so moppelig wie früher. Das liegt vielleicht am Alter, denn sie ist mittlerweile schon neun Jahre alt. Denken wir. Was natürlich komplett falsch gedacht ist. Es dauert nicht lange bis zum nächsten Schub mit massivem Erbrechen. Unser Tierarzt ist nicht da, also geht es zur Vertretung. Die ist richtig entsetzt, als sie hört, dass Bella bisher noch nie ein großes Blutbild bekommen hat und darüber hinaus auch noch nie gründlich durchgecheckt wurde. Die Blutwerte sind nicht okay, es muss eine Entzündung im Körper sein. Mittlerweile ist Bella so schwach, dass wir das Schlimmste befürchten. Außerdem schickt uns die Tierärztin zum Spezialisten in Köln, um eine gründliche Magen-Darm-Untersuchung machen zu lassen. Sagen wir mal so, die Kasse bei den Tierärzten klingelt.

Als Hundebesitzer ist man ja quasi Privatpatient, deswegen dauert es auch nur wenige Tage, bis wir einen Termin beim Hundeinternisten bekommen. Wir wussten gar nicht, dass es so was überhaupt gibt. Der Spezialist ist fast fünfzig Kilometer entfernt und Bella muss für die Untersuchung nüchtern sein, was ihr überhaupt nicht gefällt. Der Arzt ist nett und erklärt uns, was er vorhat. Dann lassen wir Bella bei ihm. Sie bekommt eine Vollnarkose und dann bekommt sie die geplante Magenspiegelung. Mit einem sehr mulmigen Gefühl verabschieden wir uns von ihr.

In ein paar Stunden sollen wir das Ergebnis bekommen. Wir sitzen gerade im Brauhaus, als das Telefon klingelt. Der Arzt ist dran, mit schlechten Neuigkeiten. Die Magenspiegelung konnte gar nicht gemacht werden, weil Bella einen so engen Pylorus hat. Infolgedessen hat sie einen Megaösophagus entwickelt. Für alle, die nicht wissen, was das ist: Eine krankhafte Erweiterung der Speiseröhre, bei der kaum Nahrung in den Magen gelangt und die Reste der Nahrung in Taschen der Speiseröhre landen, bis der Hund sie irgendwann wieder erbricht. Die Prognose ist düster, der Arzt denkt, dass sie maximal noch sechs Monate zu leben hat. Das trifft uns unerwartet und ein Schlag in die Magengrube ist nichts dagegen. Sie ist noch nicht wieder wach, aber innerhalb der nächsten Stunde können wir sie abholen.

Meine Frau hat Tränen in den Augen und ich fühle mich auch nicht gut. In der Praxis kommt Bella uns schlapp, aber schwanzwedelnd entgegen. Der Arzt erklärt uns, was er herausgefunden hat. Zusätzlich zu dem massiv vergrößerten Ösophagus (so groß wie ein Kinder-Unterarm!) hat sie auch noch eine Pilzinfektion. Deswegen will sie immer trinken. Außer bei ihr gibt es ein ähnliches Krankheitsbild noch bei genau einem anderen Hund in ganz Europa. Wir bekommen ein Fungizid in flüssiger Form, und ein paar Ernährungsempfehlungen. Bella soll kein Wasser mehr aus dem Napf trinken, sondern wir sollen das Wasser unter das Futter mischen. Das Wasser verstärkt nur das Erbrechen. Außerdem soll sie mehrere kleine und pürierte Mahlzeiten am Tag bekommen und erhöht gefüttert werden. Bei der erhöhten Fütterung sorgt die Schwerkraft dafür, dass mehr Essen durch die Engstelle in den Magen kommen kann. Uns raucht der Kopf und die Aussichten sind seiner Meinung nach bei diesen schweren Fällen nicht gerade gut. Kleiner Tipp: Sehr viele nützliche Infos zu diesem Thema findet man bei Upright Dog Brigade.

Zuhause setzen wir alles so um, wie der Arzt vorgeschlagen hat und informieren uns über Mega-Ösophagus. Meine Frau liest so ziemlich alles zum Thema. Die Medizin vom Arzt verträgt Bella überhaupt nicht, die verstärkt nur das Erbrechen noch zusätzlich. Also setzen wir das sündteure Mittel ab und siehe da, mit der erhöhten Fütterung und keinem separaten Wassernapf wird es laaaaangsam ein bisschen besser.

Das halbe Jahr, das der Tierarzt ihr noch gegeben hat, vergeht. Und Bella ist immer noch da. Das lässt uns Mut fassen, dass wir ihr noch ein wenig mehr Zeit mit ihr verbringen können. Was folgt, ist eine brutale Achterbahnfahrt. Mal geht es wieder schlecht und sie bricht ununterbrochen. Dann vergehen Wochen, ohne dass sie ein einziges Mal erbrechen muss. Wir atmen ein wenig durch. Über das Internet und verschiedene Gruppen haben wir bereits herausgefunden, dass viele Hunde trotz der düsteren Prognose eine fast normale Lebenserwartung haben (können), wenn Herrchen und Frauchen die Krankheit richtig managen. Nachdem wir es ja schon gewohnt sind, unser Leben am Hund auszurichten, organisieren wir unseren Alltag halt auch um Bellas Krankheit herum. Ausflüge werden so getimed, dass Bella ihre kleinen Mahlzeiten bekommen kann. Das mag dem ein oder anderen vielleicht merkwürdig vorkommen, aber für uns kommt etwas anderes nicht in Frage. Bella ist nun mal ein Familienmitglied, und alle, die das nicht verstehen, können uns gestohlen bleiben.

Plötzlich ist 2017 und Bella feiert ihren zehnten Geburtstag. Nicht schlecht für einen Hund, der mit einer Pfote schon über der Regenbrücke war.

Auch das nächste Jahr verläuft ähnlich. Zeiten ohne großes Erbrechen wechseln sich ab mit den Zeiten, in denen wir eine oder zwei Rollen Küchenpapier am Tag aufbrauchen. Auch Weihnachten 2018 (und damit Bellas Geburtstag) feiern wir alle zusammen. So langsam wird sie doch älter. Sie ist anhänglicher als früher und läuft auch gar nicht mehr weg. Die Krankheit stört sie und uns nicht mehr sehr.

Allerdings fällt uns auf, dass sie plötzlich Wasseransammlungen im Bauch hat. Das kann bei einem Megaösophagus auch auftreten, deswegen machen wir uns noch nicht allzu viele Gedanken. Die Wasseransammlungen gehen zwischenzeitlich wieder weg und Bella frisst ganz normal. Im Urlaub fahren wir wie so oft an die belgische Nordseeküste. Sie läuft ein bisschen gemütlicher als früher und die Hitze verträgt sie auch nicht mehr so gut. Das ist bei einem älteren schwarzen

Hund aber auch nicht so ganz erstaunlich. Dann kommt der heißeste Tag des Sommers und sie geht nur sehr langsam und kollabiert fast, legt sich in jedes bisschen Schatten, dass sie findet und will nicht mehr weiter. Nicht mal Leckerlis locken sie weiter. Da wissen wir, dass es etwas ernstes sein muss. Zurück im Schatten ist sie aber schnell wieder auf dem Damm. Der Rest des Sommers und der Herbst vergehen, ohne dass sie noch mal Probleme beim Laufen bekommt. Allerdings hat sie nun zunehmend Wasseransammlungen, die nicht mehr von selbst verschwinden. Außerdem ist sie trotz dem dicken Bauch richtig abgemagert und die Hüftknochen stehen schon vor. Das kann nicht normal sein. Wir machen uns große Sorgen, leider zurecht, wie wir von unserem neuen Tierarzt erfahren. Wir haben uns einen neuen gesucht, denn unser alter Tierarzt hat ihre Probleme nie so wirklich ernst genommen. Die Diagnose ist alles andere als beruhigend. An dieser Stelle weiche ich von meinen Kapiteln ab und gebe meine Originalnotizen wieder:

20.11.2019, Tierarzt, nach der Punktion

- Lunge schlecht belüftet
- Thoraxerguss
- kann verschiedene Ursachen haben
- hat nur nur ⅓ Lungenfunktion
- ganzer Bauch voller Wasser
- kann nur noch Tage oder Wochen dauern
- selbst bei bekannter Ursache kann der Thoraxerguss immer wieder auftreten
- geht schon über einen längeren Zeitraum
- ca. 3,5 Wasser abgezogen, das waren ungefähr 50% der Gesamtmenge
- ohne Betäubung
- seitliche Organe werden vom Wasser verdrängt
- Ultraschall Bauchraum muss noch gemacht werden
- im Körper ist noch einmal diese Menge Wasser
- wegen dem Wasser in der Lunge kann sie nicht auf den Rücken gedreht werden
- Vorstellung beim Kardiologen
- vermutlich Tumor am Herzen/Perikard
- hochkalorisches Futter geben

22.11.2019

Heute war eine gute Nacht für Bella. Sie hat sich fast nicht übergeben, nur abends ein bisschen. Nachts war sie zweimal draußen, einmal um 2:00 Uhr und einmal um 4:30, zum Pipi machen unter anderem. Ein bisschen rumgeschnüffelt hat sie auch noch und dann wollte sie wieder nach drinnen. Wasser wollte sie trinken, sie scheint ziemlich großen Durst zu haben. Mager ist sie, nur noch Haut und Knochen. Durch den Krebs hat sie Muskelschwund bekommen. Jetzt liegt sie gerade in ihrem Körbchen und schläft.

Mahlzeiten

Frühstück: 250 g Futter

Zwischenmahlzeit: 1 Dose Hills

Mittagessen: 250 g

2. Zwischenmahlzeit: 1 Dose Hills

Eben war ich ziemlich besorgt, sie lag mit offenen Augen in ihrem Körbchen und hat nur sehr flach geatmet.

Nicht mal, als wir gegessen haben, ist sie aufgestanden. Das ist noch nie dagewesen. Gerade hat sie aber doch das "E" Wort gehört und ist erstmal auf den Tisch gesprungen, um nachzusehen, ob noch Reste zu holen sind. Jetzt ist sie in die Küche gestakselt und wartet auf ihr Abendessen (250 g Nassfutter)

23.11.2019

Heute hatte Bella eine ganz gute Nacht. Sie hat zwar mehrfach ein bisschen gekötzelt, war aber lange nicht mehr so unruhig wie sonst. Und sie musste auch nur einmal nachts raus. Ich bin mal gespannt, wie wir das nächste Woche verkraften, wenn alle wieder arbeiten müssen. Das Entwässerungsmittel scheint bei ihr so gut wie gar nicht zu wirken. Sie pinkelt kein bisschen mehr als ohne Medikament. Um viertel nach zehn hat sie Frühstück bekommen, jetzt liegt sie in ihrem Körbchen und schläft.

Außerdem hatte sie heute zwei Hauptmahlzeiten und zwei Zwischenmahlzeiten.

Ich habe außerdem recherchiert, was es für Hunde an Herzmedikamenten gibt, das sind im Prinzip die gleichen Wirkstoffe, die auch bei Menschen zum Einsatz kommen: Furosemid zur Entwässerung, Pimobendan, ACE-Hemmer, Aldosteron-Antagonisten, Digitalis und Betablocker.

Entwässerung, wenn der Hund Wasser in der Lunge oder im Bauchraum hat. Gefahr des Herzversagens! Erhaltungsdosis sind 2mg/kg Körpergewicht, also 40 mg.

Pimobendan unterstützt die Pumpleistung und erweitert die Gefäße.

Standard-Therapie beim Hund: Diuretika, ACE-Hemmer und Pimobendan.

24.11.2019, Sonntag

Ein Riesenerfolg! Bella hat sich von gestern auf heute überhaupt nicht übergeben! Sie hat lediglich nachts ein paar Mal gerülpst. Hörte sich spektakulär an, kam aber nix raus. Dafür hat sie nachts zweimal Pipi gemacht. Wir haben ihr gestern die Entwässerungstablette zerbröselt und mit Wasser gegeben, das scheint geholfen zu haben.

Ihr Mahlzeitenplan war wie gehabt:

Frühstück, 350 g Futter und ½ Furotab

Zwischenmahlzeit

Mittag

Nachmittag

Wir wiegen ihre Tagesportion sorgfältig ab und teilen sie auf die einzelnen Rationen auf. Fly ist nur immer sauer, dass er nicht auch bei jeder Mahlzeit etwas bekommt. Er kriegt aber nur jeweils 1 Stück, sonst wird er zu dick.

Abends: Bisher hat sie noch nicht gekötzelt, aber dafür, dass sie Entwässerungstabletten bekommt, macht sie immer noch viel zu wenig Pipi. Sie ist wieder schlapp und schläft fast nur noch.

Heute Mittag waren wir tatsächlich im Garten, da war sie ein bisschen aktiver und hat überall geschnuppert. Noch zwei Tage, dann sind wir wieder beim Arzt. Ich hoffe, er kann uns weiterhelfen. Wir brauchen auf jeden Fall eine bessere Entwässerungstherapie.

Langsam werde ich ein wenig paranoid. Ich beobachte Bella ständig, ob und wie viel sie atmet, ob sie unruhig ist, ob sie genug Luft bekommt. Als ob die Kontrolle es auch nur im Entferntesten besser macht. Das arme Ding, es ist furchtbar, sie so zu sehen.

25.11.2019, Montag

Diese Nacht war wieder nicht so gut. Bella hat mehrmals Wasser ausgebrochen und um zwei Uhr nachts musste sie raus zum pinkeln. Das musste sie vor dem Entwässerungsmittel definitiv nicht. Zu allem Überfluss habe ich auch noch mega-schlecht geschlafen. Erst konnte ich nicht einschlafen, danach war ich total unruhig und dann auch noch viermal mit Bella raus. Die Furotab-Dosis von dreimal einer halben Tablette schlägt auch nicht so richtig an. Dazu kommt, dass sie jetzt auch noch verwirrt wirkt und kein Pipi macht. Und auch der Bauch läuft wieder voll, das kann nichts Gutes bedeuten. Am liebsten liegt sie kalt und hat wahnsinnigen Durst. Ist das eine Entzündung?

26.11.2019, Dienstag.

Heute ist endlich der Termin beim Internisten. Möchte nicht wissen, was das kostet. Sie war nachts sehr unruhig, ist häufig aufgestanden und hat gejammert. Um Mitternacht musste sie Pipi und um fünf Uhr morgens hat sie sich wieder übergeben.

Der Termin beim Tierarzt war leider alles andere als schön. Erst haben wir ewig warten müssen und dann kam es noch schlimmer. Die Lunge wird von außen zusammengedrückt, so dass sie kaum noch Luft bekommt und zu ersticken droht. Es ist keine Linksherzinsuffizienz, sondern ein bösartiger Tumor am rechten Herzohr, der alle Gefäße abdrückt. Überall im Körper ist Wasser, in der Lunge, im Herzbeutel und im gesamten Bauchraum. Sie hat nur noch ein paar Tage, maximal Wochen. Aber wir sollen uns darauf einstellen, dass es eher Stunden bis Tage sind. Dabei hatten wir so gehofft, dass wir noch ihren zwölften Geburtstag an Heiligabend feiern können. Die Verwirrtheit kommt von einem Leber-Hirn-Syndrom. Anscheinend werden die Giftstoffe nicht mehr abgebaut und sammeln sich. Dagegen hilft Milchzucker.

Sie soll trinken, so viel sie mag und wir sollen alles versuchen, um die Pumpleistung des Herzens zu erhöhen. Deswegen bekommt sie also noch einmal andere Medikamente plus das Milchzucker-Sirup.

27.11.2019, Mittwoch

Wir waren wieder beim Tierarzt, um mit ihm über die Diagnose des Spezialisten zu sprechen. Der hat uns aber wenig Mut gemacht und uns deutlich zu verstehen gegeben, dass wir darüber nachdenken sollen, sie einschläfern zu lassen. Dabei gelten folgende Kriterien für Lebensqualität:

1. Fressen wollen und können
2. selbständig trinken

3. fröhlich sein (heißt in Bellas Fall, keine Atemnot und Schmerzfreiheit)
4. Als Haustier geeignet sein (keine Aggressionen und keine Unsauberkeit)

Bisher frisst und trinkt sie noch gerne. Punkt drei ist definitiv nicht erfüllt. Aggressiv ist sie überhaupt nicht, obwohl es dem armen Tier hundeelend geht und stubenrein ist sie auch noch.

Die Nacht heute war purer Horror. Ich glaube, insgesamt habe ich gerade mal zweieinhalb Stunden geschlafen. Bella hat keine Luft bekommen, war unruhig und hat sich mehrfach übergeben. Das volle Programm. Ich hoffe sehr, dass die Herzmedikamente bald anschlagen. Sonst müssen wir uns von ihr verabschieden. Ich möchte sicher nicht, dass sie uns hier zuhause erstickt, das wäre ja furchtbar.

Es ist so schwierig, den richtigen Zeitpunkt zu erkennen, an dem es nicht mehr weitergeht. Und ich bin nicht gerade gut darin, Entscheidungen zu treffen.

Noch mehr solche Nächte halte ich allerdings auch nicht durch.

28.11.2019, Donnerstag

Die vergangene Nacht war ein bisschen besser als die vorletzte, aber weit entfernt von gut. Sie hat so viel zu trinken bekommen, wie sie wollte. Das hat natürlich dazu geführt, dass sie sich vier oder fünf mal übergeben musste und das ganze Wasser wieder ausgekotzt hat. Um zwölf Uhr nachts musste sie raus, großes und kleines Geschäft machen. Sie bekommt nur schwer Luft, trotz des Herzmittels. Dadurch war sie bis nachts um zwei sehr unruhig, danach hat sie dann endlich ein bisschen geschlafen. Jetzt liegt sie wieder platt auf dem Boden. Tagsüber ging es ihr gestern den Umständen entsprechend ganz gut. Abends hat sie sogar am Tisch gebettelt (natürlich mit Erfolg, was solls) und gegessen hat sie auch gut.

Heute Morgen wollte sie gar nichts fressen, sehr ungewöhnlich für sie. Eben hat sie uns freudig an der Tür begrüßt, als wir mit Reibekuchen vom Weihnachts-markt zurückgekommen sind. Beim Essen stand sie dann auch wieder die ganze Zeit erwartungsvoll neben mir und hat gebettelt. Nach den Reibekuchen hat sie dann auch noch ihr Mittagessen verputzt. Jetzt liegt sie in ihrem Körbchen und ruht sich aus. Sie atmet schwer, aber ist das jetzt schon der Zeitpunkt, an dem es nicht mehr weitergeht?

Dieses Kapitel ist noch schwieriger zu schreiben als das vorige. Bella ist nun schon mehr als drei Jahre nicht mehr bei uns und es tut trotzdem immer noch weh, an ihre letzten Stunden zu denken. Bis heute fragen wir uns, ob wir uns richtig entschieden haben und ob es nicht doch noch eine andere Möglichkeit gegeben hätte. Für uns war Bellas Tod sogar noch schlimmer als der anderer Familienangehöriger. Immerhin haben wir bei denen nicht aktiv dazu beigetragen, dass sie gestorben sind. Diese Gewissensbisse werden uns weiter begleiten und uns graut jetzt schon vor dem Moment, an dem Fly an der Schwelle stehen wird. Aber der Reihe nach. Nach den letzten furchtbaren Nächten wurde es nun auch tagsüber schlimm. Am Freitag konnte sie nicht mehr alleine aufstehen, sondern musste auf die Füße gestellt werden. Gegessen hat sie zwar noch und wenn sie einmal auf den Beinen ist, kann sie auch laufen. Aber das Atmen fällt ihr jetzt auch im Stehen schwer. Sie plustert bei jedem Atemzug die Backen auf, weil sie nicht genug Luft bekommt. Und das

Wochenende steht vor der Tür, kein Tierarzt zu erreichen. Was machen wir, wenn es noch schlimmer wird und sie erstickt und wir ihr nicht helfen können.

Während ich diese Zeilen schreibe, ist die Corona-Pandemie nur noch eine lästige Erinnerung an finstere Zeiten. Allerdings nicht für die Tierheime, die im Sommer 2023 aus allen Nähten platzen, weil all die treuen Begleiter, die während der Pandemie angeschafft wurden, nun im Tierheim gelandet sind und die Welt nicht mehr verstehen. Das macht mich unfassbar wütend und ich könnte kotzen. Hunde (und ja, auch Katzen!) sind keine Spielzeuge, die man nach Belieben benutzen und wegwerfen kann. Mögen alle Tierquäler, Vermehrer und Menschen, die ihre Tiere zu Beginn der Ferienzeit aussetzen, in den tiefsten Tiefen der heißesten Hölle schmoren. Auf ewig!

Aber zurück zum Thema, ich bin etwas abgeschweift. Nachdem wir unsere Bella gehen lassen mussten, waren wir traurig und ja, depressiv. Vor allem Fly hat der Verlust seiner Freundin schwer getroffen. Er hat kaum noch gefressen, nicht mehr gespielt und auch nicht mehr gelächelt. Hundemenschen wissen, was ich meine. Dieses glückliche Hundegesicht, wenn er sich über etwas freut, zum Beispiel seine Lieblingslecker- chen, oder spazieren, oder eine Streicheleinheit. Statt- dessen hat er innerhalb kürzester Zeit so viel Gewicht verloren, dass wir uns Sorgen gemacht haben.

Also tun wir (sprich: die Göttergattin) das, was jeder vernunftbegabte Mensch in dieser Situation tun würde: Sie sucht online nach einem Welpen. Obwohl die ganze restliche Familie mit 4:1 Stimmen dagegen ist. Wohl wissend, an wem die ganze Arbeit trotz anderslauten- der Schwüre hängen bleiben wird.

Nach einigen Terminen und noch mehr Fehlschlägen nehmen wir Kontakt zu einer sehr netten privaten Züchterin auf, die gerade einen Wurf Labradorwelpen großzieht. Wir vereinbaren einen Besuchstermin, prak- tischerweise an Weiberfastnacht. Das ganze restliche Rheinland stürzt sich ins Karnevalsgetümmel, wir fah- ren nach Gangelt, das ungefähr anderthalb Stunden entfernt ist. Nur mal gucken, natürlich.

In der Gegend waren wir noch nie, deswegen fahren wir mit einem ordentlichen Zeitpuffer und leerem

Portemonnaie los. Weil wir noch mehr als eine Stunde zu früh dran sind, halten wir an einer Raststätte. Meine Frau besteht darauf, unseren Bargeldvorrat an einem nicht sehr vertrauenserweckenden Geldautomaten aufzustocken, nur für Notfälle. Ich kann mir zwar denken, wie das endet, ziehe es aber vor zu Schweigen.

Schließlich landen wir in einem verschlafenen kleinen Dorf. Eine sehr nette rheinische Frohnatur empfängt uns und führt uns zu den Welpen. Sie hat zwei Würfe von zwei Muttertieren gleichzeitig, einen Wurf farblich bunt gemischte Tiere und einen mit pechschwarzen Welpen. Die Tiere sind gesund und munter. Zu haben sind noch mehrere Welpen. Die Jungs kommen nicht in Frage, wegen Fly (siehe Kapitel 14).

Die pechschwarzen sind zwar sehr süß, kommen aber auch nicht in Frage, weil sie uns zu sehr an unsere Bella erinnern.

Also fällt unsere Wahl auf ein Mädchen in charcoal, ein grauer Farbton. Die Züchterin Frau G. holt sie aus dem Welpenzimmer und drückt sie uns in den Arm. Sie riecht nach kleinem Hund und ist einfach nur süß. Bei mir kuschelt sie sich ganz besonders an. Was das bedeutet, werden wir erst später herausfinden. Die Züchterin erzählt uns noch einiges über die Hunde und zeigt uns mehrere Ordner mit Dokumenten über die Gesundheit der Eltern und ihre Hobbyzucht allgemein. Es macht alles einen sehr guten Eindruck und wir sind uns sympathisch. Also tun wir das, was meine Frau vermutlich schon von Anfang an geplant hatte: wir reservieren das Hundemädchen und zahlen eine Gebühr von 100,00 Euro. Die Welpen sind sechs Wochen alt, einziehen kann sie bei uns mit acht Wochen. Wir vereinbaren den Abholtermin und machen uns wieder auf den Weg nach Hause. Auf dem Weg legen wir einen Namen fest (also meine Frau). Ella soll unser Neuzugang heißen. Die Züchterin trainiert den Namen schon fleißig mit ihr.

Wir stürzen uns also in das Projekt Welpe und kaufen als erstes den nächstgelegenen Hundeladen leer. Körbchen, Decken, Spielzeug. Was der Hund halt so braucht. Die Züchterin schickt in regelmäßigen Abständen lustige Videos über die Entwicklung der Welpen. Besonders gefällt uns das Video, in dem Ella sich beim Kampf um das Gummihuhn gegen alle Geschwister durchsetzt. Sind wir blöd! Selbstverständlich kaufen wir in dem roten Laden mit F auch noch so ein Huhn. Zuhause spielt sie allerdings nie mit dem Vogel.

Die Göttergattin macht sich in den nächsten Wochen die wildesten Sorgen. Was, wenn die Welpen eine unheilbare Krankheit bekommen? Was, wenn das Haus mit Hunden abbrennt? Was, wenn die Welpen entführt werden? Was tatsächlich passiert, kann sich allerdings auch die größte Sorgenmacherin aller Zeiten nicht ausmalen.

Die ersten Nachrichten über Corona kommen kurz nach Karneval und wir wissen alle, wohin das geführt hat.

Für diejenigen, die sich nicht mehr so richtig erinnern: Nach Karneval sind die Infektionszahlen in die Höhe geschossen und als Ground Zero wurde unter anderem Gangelt ausgemacht. Gangelt, ein verschlafenes Dorf an der niederländischen Grenze. In dem zufällig unser Welpe auf uns wartet. Und das jetzt kurz davorsteht, wie in einem Science-Fiction Film abgeriegelt zu werden. Meine Frau schmiedet Rettungspläne, die alle möglichen Wege beinhalten, den Welpen abzuholen. Unter anderem zu Fuß über die Grenze, wie in den guten alten Kaffeeschmuggelzeiten.

Entgegen allen Befürchtungen wird der Kreis aber nicht vom Militär abgeriegelt. Vielleicht haben wir zu viele schlechte Filme gesehen. Es gibt am vereinbarten Wochenende auch (noch) keine Ausgangssperren. Also machen wir uns frohen Mutes und mit einigen Euros in der Tasche auf den Weg.

Ella freut sich, uns zu sehen. Vor allem mich. Meine Frau, die den Hund unbedingt haben wollte (ihr erinnert euch), lässt sie allerdings links liegen. Dafür darf sie das erste Mal in die gute Stube. Das findet sie auch super und guckt sich erstmal um, vor allem auch hinter dem heißen Ofen. Das geht zum Glück gut. Versorgt mit allem Notwendigen (siehe Kapitel Money Monney Money) ziehen wir von dannen.

Autofahren? Nicht mit mir!

Ella bekommt noch eine schicke Welpenleine passend zu ihrem rosa Halsband. Dann wird es ernst. Wir verstauen Ellas Gepäck und verabschieden uns. Bei der Züchterin fließt das ein oder andere Tränchen und die Göttergattin hat auch merkwürdig feuchte Augen. Eine Schutzdecke fürs Auto hat die großartige Frau G. auch noch für uns, dann sind wir endlich so weit. Die Decke benutzen wir heute noch.

Die Rückfahrt gestaltet sich schwieriger als gedacht. Überall um den Ort herum sind Baustellen und Straßen gesperrt. Dadurch kurven wir gefühlt Stunden orientierungslos durch die Gegend, was den armen Welpen nicht begeistert. Die Autobahn finden wir trotzdem nicht, stattdessen sind wir plötzlich in den Niederlanden. Ella gefällt das immer weniger und sie protestiert lautstark. Ganz im Gegensatz zu Bella, die sich bei ihrer ersten Autofahrt ruhig zusammengerollt hatte und fast den ganzen Weg verschlafen hat (bis auf die schon beschriebene Episode) versucht Ella alles, um aus dem Auto auszubrechen. Sie hechelt, sabbert und versucht, sich aus dem Halsband zu winden. Wir finden endlich einen Parkplatz. Pinkelpause für Ella und kurzes Durchschnaufen für uns. Der Blutdruck ist schon in bedenkliche Höhen geschossen. Bevor wir einsteigen, legen wir ihr das extra mitgebrachte Geschirr an, was auf wenig Gegenliebe stößt. Warum haben wir keine Transportbox mitgenommen? Das wäre so einfach gewesen. Wie blöd kann man nur sein. Anfängerfehler, und das beim dritten Hund! Peinlich. Ella schläft während der gesamten Fahrt nicht. Kein bisschen. Es ist ein einziger Stress für den Hund – und seine Menschen! So sind wir heilfroh, als wir nach einer gefühlten Ewigkeit endlich zuhause ankommen.

Das war nicht ganz das, was wir uns vorgestellt hatten. An dieser Stelle wieder ein kleiner Spoiler: Die nächsten Monate wird es nicht unbedingt besser werden. Leider.

Aber zurück zu Ellas ersten Schritten im neuen Zuhause. Vorsichtig tapst sie durch den Garten und beschnuppert ausgiebig alles, was es dort so gibt. Besonders das Gras hat es ihr angetan. Und die Büsche. Mich wundert nur, dass sie immer noch kein bisschen müde ist. Dabei war sie die letzten zwei Stunden am Stück wach. Sollten Welpen nicht zwanzig Stunden des Tags verschlafen? Die Stelle im Hundebuch muss Ella wohl überlesen haben. Sie zeigt jedenfalls keinerlei Anzeichen von Müdigkeit. Dann ist endlich der große Moment da: Ella lernt ihr neues Zuhause so richtig kennen. Die Tür öffnet sich und sie entdeckt als erstes Fly. Sie ist hellauf begeistert, als sie einen Hundekumpel sieht und stürzt sich auf ihn, um ihn zu begrüßen und mit ihm zu spielen. Fly quittiert ihr Ansinnen allerdings umgehend mit Knurren und Schnappen. Was Ella gar nicht nett findet. Man sieht ihr die Enttäuschung an. Zum Ausgleich sind die anderen zweibeinigen Familienmitglieder um so netter zu ihr. Sie wird gebührend gefeiert, beschmust und bespielt. Das ganze gekaufte Spielzeug lässt sie links liegen. Dafür begeistert sie sich für den nicht mehr so neuen Pantoffel der Göttergattin, den sie sofort schnappt und überall hinschleppt. Retriever halt.

Mit ihrem Schluffen tobt sie durch Haus und Garten.

Nur in Flys Nähe darf sie nicht kommen. Er bellt sofort und fletscht unfreundlich die Zähne. Nur müde wird sie nicht. Stattdessen immer unruhiger, wie ein aufgedrehtes Kleinkind mit Zuckerflash.

Ella zum Schlafen zu bringen ist eine Herkulesaufgabe. Sie ist völlig überdreht und kommt trotzdem nur schwer zur Ruhe. Eigentlich müsste sie bei der ganzen Rennerei einfach umkippen und schlafen. Tut sie aber nicht. Höchstens, wenn ich mich mit ihr hinlege. Dann schläft sie tief und fest, am liebsten ganz nah. Zum Beispiel auf meinem Bauch. Die erste Nacht wird eine Katastrophe. Wir haben ihr einen schönen Welpenstall im Wohnzimmer aufgebaut, damit sie nachts nicht herumläuft und sich weh tut. Oder Fly in die Quere kommt, der ihr dann weh tut. Die Begrenzung findet sie aber überhaupt nicht gut und protestiert. Lauthals. Das wiederum führt dazu, dass ich mich mit ihr im Schlafsack auf den Boden lege. Zumindest die ersten zwei, drei Nächte. Dann kann ich nicht mehr, weil mir der Rücken weh tut. Und nachts mehrmals aufzustehen, weil der Hund Pipi muss (oder um den Schlafsack in die Waschmaschine zu stecken, weil der Hund schon Pipi gemacht hat) zehrt an den Reserven. Fly hat zum Glück Mitleid mit uns und lässt zu, dass Ella sich bei ihm ankuschelt.

So liegen beide auf dem Sofa und Ella schläft. Tief und fest. Endlich. Zum Glück ist Fly gnädig und lässt Ella kuscheln. Ein Bild für die Götter, Ella, die ihren kleinen Kopf ganz fest auf den Fly's Rücken drückt und Fly, der ein wenig genervt in unsere Richtung schaut. Insgeheim findet er die Kleine aber anscheinend doch nicht so doof. Wenigstens fletscht er nicht mehr bei jeder Gelegenheit die Zähne. In den nächsten Tagen spielt sich unser Alltag mit Welpen so langsam ein. Mehr als den Garten lernt Ella in der ersten Zeit nicht kennen. Nach einer Woche wollen wir ihr die Umgebung zeigen und laufen ein paar Meter die Stichstraße bis zur großen Straße. Das ist Ella allerdings sehr suspekt. In ihren Augen steht die nackte Panik und sie rennt wie der geölte Blitz zurück ins sichere Zuhause. Die Autofahrt zum Tierarzt für die nächste Impfung wird ähnlich furchtbar. Es endet damit, dass Ella in einem Wäschekorb auf dem Fahrersitz mitfährt, die Pfoten auf dem Lenkrad. Der Tierarzt, dem wir unser Leid klagen (Hund stellt sich übermäßig an blablaba) meint dazu nur: Das wächst sich aus, manche Welpen leiden tatsächlich im Auto und stellen sich nicht nur an, weil der

Gleichgewichtssinn noch nicht ausgereift ist. Was soll ich sagen, der Mann hatte Recht! Nach ein paar Monaten ist es tatsächlich kein Thema mehr und wir können endlich das Autofahren mit den Hunden genießen.

Irgendwann ist unser Welpen-Erziehungsurlaub vorbei. Die Arbeit ruft. Nur ist Deutschland mittlerweile im Lockdown und Homeoffice angesagt. Das finden die Hunde jetzt gar nicht mal so doof, weil immer jemand im Haus ist und sich kümmern kann. Der Nachteil ist, dass Ella nie gelernt hat, alleine zu sein. Weil immer jemand im Haus ist und sich kümmern kann.

Fly findet es mittlerweile auch ganz gut, eine kleine Schwester zu haben. Oder Nichte. Auf seine alten Tage blüht er noch einmal richtig auf, tobt mit ihr durch den Garten und spielt am liebsten Nachlaufen, übt mit ihr Sitz und Platz (einschließlich Leckerchen, selbstverständlich) und findet Gefallen an den gemeinsamen Spaziergängen.

So spielt sich alles ein. Fly hat seine Post-Bella-Depression überwunden und kräftig zugenommen. Zu kräftig, um ehrlich zu sein. Das gefällt dem Tierarzt beim nächsten Routinebesuch überhaupt nicht. Auch Ella ist ganz schön moppelig, aber das verbuchen wir der Einfachheit (oder ist es Selbstbetrug?) halber als Babyspeck. Außerdem sind wir nach den Erlebnissen mit Bella, die viel zu dünn war froh, dass die Hunde gut essen und alles drinbleibt. Für Fly wird es allerdings richtig ungemütlich. Ab sofort gibt es nur noch Light-Futter und abgezählte Leckerchen. Was aus seiner Sicht keine gute Idee ist. Wie jeder nachvollziehen kann, der oder die schon einmal eine Diät gemacht hat. Ganz im Gegensatz zur landläufigen Meinung können Hunde natürlich zählen. Und messen. Dadurch wissen sie sehr genau, wann sie futtermäßig verarscht werden. Genauso, wie sie selbstverständlich wissen, wie spät es ist. Zumindest kennen sie die beiden Haupt-Tageszeiten „Essenszeit" und „Fast Essenszeit". Außerdem haben sie ein sehr gutes Gefühl dafür, wann der Arbeitstag zu Ende ist und warten schon an der Türe, sobald man nach Hause kommt. Wobei, wahrscheinlich liegt es daran, dass sie einfach nur phänomenal gut hören können und schon mitbekommen, wenn man noch einen halben Kilometer entfernt ist.

KAPITEL 20 DER HUND WIRD ALT

So vergeht die Zeit. Aus dem pummeligen kleinen Welpen ist eine erwachsene Hündin geworden, die ein wenig auf ihre schlanke Linie achten muss (hüstel). Aus Fly ist ein alter Opi geworden. So ganz genau wissen wir nicht, wie alt er tatsächlich ist. Als er zu uns gekommen ist, war er zwischen einem halben Jahr und zwei Jahren alt. Das ist mittlerweile zwölf Jahre her. Do your own math. Seine Bewegungen werden langsamer. Morgens stakst er steifbeinig durch den Garten und das Bein hebt er auch nicht mehr so hoch wie früher. Das kannten wir bisher noch nicht. Bella war nur sehr schwer krank, hatte aber nie Alterswehwehchen. An manchen Tagen schafft Fly es nicht mal mehr auf das Bett und an ganz schlechten Tagen kommt er noch nicht einmal mehr auf das Sofa. Manche Tage sind besser, andere schlechter. An den ganz furchtbar schlechten Tagen scheint ihm alles weh zu tun und er will nicht einmal mehr fressen. Aber das ist bisher immer wieder vorbei gegangen.

Die positive Seite am Älterwerden ist, dass er auch nicht mehr gut hört. Gewitter oder Feuerwerk, die noch vor ein paar Monaten absolute Endgegner waren, lassen ihn meistens kalt. Manchmal verschläft er solche Ereignisse sogar komplett, ohne auch nur mit der Pfote zu zucken.

Das wäre vor einem Jahr noch vollkommen undenkbar gewesen. Er hatte bei Gewitter immer eine solche Panik, dass er uns auch nachts wachgehalten hat. Stundenlang und vor Angst zitternd. Auch wenn er dann zu uns ins Bett gekommen ist, konnte er sich nicht beruhigen, sondern hat uns die ganze Zeit angestupst und gehechelt.

Während ich diese Zeilen schreibe, gewittert es. Es donnert und kracht und der Regen klatscht gegen die Fenster. Und Fly liegt ganz entspannt auf dem Boden und schläft.

Wir wissen nicht, wie viel Zeit wir noch zusammen haben. Das ist vielleicht auch gut so, sonst könnten wir die gemeinsame Zeit nicht genießen.

Obwohl, manchmal fühle ich nachts, ob er noch atmet.

Was danach kommt? Ich weiß es nicht und ich werde mir darüber auch keine Gedanken machen. Nur eins weiß ich sicher: Die Entscheidung, den Hund einschläfern zu lassen werde ich diesmal nicht treffen. Ich bin immer noch nicht darüber hinweg, wie ich mich bei Bella verhalten habe. Ich mache mir immer noch Vorwürfe. Habe ich es mir zu einfach gemacht? Hätte ich noch warten sollen? War es die richtige Entscheidung? Es ist müßig, sich diese Fragen zu stellen, denn es ist zu spät. Nur eines möchte ich euch mitgeben: Lasst eure Hunde nicht alleine! Den letzten Weg müsst ihr gemeinsam mit euren Tieren gehen, egal wie schwer es sein mag. Das seid ihr ihnen einfach schuldig. Es gibt überhaupt keinen Grund, das nicht zu tun. Also keine Ausreden!

Machen wir uns nichts vor, Hunde sind eher nicht ge-
plagt von Selbstzweifeln und Minderwertigkeitskom-
plexen. Kein Hund wird morgens wach und muss sich
vor dem Spiegel Mut machen und Affirmationen zu bellen. Gut, ich übertreibe vielleicht ein wenig. Natürlich
gibt es schüchterne und ängstliche Hunde. Aber sie
nehmen das nicht schwer und machen das Beste draus.
So wie Bella zum Beispiel. Sie war wirklich sehr krank,
hat sich aber nicht selbst bemitleidet und auch kein
bisschen gegrübelt, warum sie das verdient hat. Was
natürlich zum großen Teil damit zu tun hat, dass sie ein
Hund war und kein Mensch und deswegen für diese Art
von Gedankenspirale eher unempfänglich. Ein Beispiel
aus ihrem Alltag. Wir gehen gemütlich auf der Straße
spazieren, es ist Herbst und es gibt viel interessantes
Schnuppermaterial. Blätter, Kastanien, Eicheln und was
nicht noch alles. Da flitzt plötzlich ein lebensmüdes
Eichhörnchen direkt vor ihrer Nase vorbei, erschrickt
sich zu Tode und sucht Rettung auf dem nächsten
Baum. Bella ist erst fasziniert, dann begeistert und zerrt

mich hinterher. Bis zur Unendlichkeit und noch viel weiter. Nein, jetzt übertreibe ich. Der Baum ist nur ein oder zwei Meter von uns entfernt. Das ist aber noch nicht alles! Bella hat in der Zehntelsekunde genau beobachtet, wie das Eichhörnchen das gemacht hat. Mit Schwung auf den Baum springen und dann nach oben klettern. Sie nimmt Anlauf und versucht, genauso an den Baum zu springen. Es sieht zum Piepen aus und ich gebe mir die allergrößte Mühe, nicht zu lachen. Bella ist offensichtlich ein wenig verwirrt, dass es nicht so funktioniert, wie sie sich das gedacht hat. Sie schüttelt sich und versucht es gleich noch ein zweites Mal. Faszinierend, denke ich. Sie denkt wirklich, dass sie das schaffen kann. Natürlich ist das Ergebnis das gleiche wie zuvor: Sie springt den Baum zwar an, aber hochklettern funktioniert nicht. Mittlerweile ist das Eichhörnchen aber eh nicht mehr da, und sie gibt ihren Plan auf. Beim Weggehen dreht sie sich allerdings noch ein paar Mal um, als wollte sie genau Maß nehmen und sagen: Warte nur ab, du blöder Baum, beim nächsten Mal schaffe ich es!

Ein Musterbeispiel für gesundes Selbstbewusstsein. Oder für nicht allzu viel Verkehr im Oberstübchen. Ich bin für Selbstbewusstsein, aber zieht eure eigenen Schlüsse.

Mit Bella haben wir in der ersten Zeit in der amerikanischen Siedlung gewohnt. Diese Siedlung (offiziell „HICOG" Siedlung) wurde ab 1951 für die Mitarbeiter der amerikanischen Hochkommission gebaut, mit amerikanischen Materialien und amerikanischen Grundrissen und Ausmaßen. Dazu kommen noch riesige Grünanlagen und eine direkte Rheinlage. Ein mittlerweile kaum noch bezahlbarer Traum.

Wir sind mit Bella stundenlang durch die Siedlung und die direkt daran grenzende Rheinaue spaziert, über den Baseballplatz (natürlich) oder über die Rugby-Wiese (auch die gibt es). Dort hat Bella ihren ersten Freund kennengelernt: Donkey, einen schokobraunen und kugelrunden Labrador. Sein Herrchen war ein netter, älterer Herr, der uns immer freundlich begrüßt hat. Noch freundlicher hat er allerdings Bella begrüßt. Donkey und Bella sind von der ersten Sekunde an ein Herz und eine Seele gewesen und haben Stunden damit verbracht, über die Wiese zu rennen, Bälle zu suchen (Donkeys Lieblingshobby) oder Kaninchen zu jagen (eher unerfolgreich). Irgendwann haben wir Donkeys Herrchen mal gefragt, von welchem Züchter der Hund denn wäre. „Der ist vom Grabbeltisch in Lüttich, darf man keinem erzählen", meinte er nur staubtrocken. Gefolgt von: „Aber der ist gesund und morgens kriegt er immer sein Leberwurstbrötchen!" Was vermutlich die Figur erklärte. Insgesamt ist keine gute Idee, einen Hund vom Markt zu kaufen! Das möchte ich hier noch mal deutlich sagen. Aber Donkey war eine Ausnahme und auch absolut verträglich mit allem und jedem. Außer dem einen Mal, als er Bella verteidigt hat. Das kam so:

Wir waren mit Bella mal wieder auf der Rugby-Wiese und haben mit ihr gespielt. An der Leine, wie sich das gehört. Plötzlich kam ein großer und natürlich nicht angeleinter Schäferhund, hat sie bedrängt und nicht in Ruhe gelassen. Bella hat sich in solchen Situationen immer ergeben und nicht verteidigt. Das andere Herrchen machte keine Anstalten, seinen blöden Köter wieder abzurufen, geschweige denn anzuleinen und wir wollten gerade gehen, als ein schokobrauner Blitz über die (zum Glück nicht sehr befahrene) Straße geschossen kam, ein fürchterliches Gebell veranstaltet hat und den Lästling in die Flucht geschlagen hat. Das war Donkey, der Ritter ohne Furcht und Tadel. Er ist dem Eindringlich hinterhergerannt, bis er endlich weg war. Danach kam er mit stolz geschwellter Brust wieder zurück. Ich habe mir immer vorgestellt, dass er eigentlich eine dicke Goldkette tragen müsste, wie ein Rapper. Bella fand das toll und die beiden haben sich danach noch besser verstanden. Wenn er gedurft hätte, hätte Donkey Bella bestimmt gerne seine Ballsammlung gezeigt. Mittlerweile ist er sicher schon sehr lange im Hundehimmel, oder auch in Ballhalla, da würde er sich sicher wohl fühlen.

KAPITEL 23 WOVON TRÄUMEN HUNDE, WENN SIE SCHLAFEN

Isaac Asimov hat in einer seiner Geschichten die Frage aufgeworfen, ob Androiden von elektrischen Schafen träumen. Das tut zwar hier überhaupt nichts zur Sache, führt aber zur Frage aller Fragen:

Wovon träumen Hunde?

Dass Hunde träumen, ist sonnenklar. Oder ist das eher mondklar? Zumindest für jeden, der mit Hunden zusammenlebt. Egal, ich schweife schon wieder ab. Wer jemals einen Hund beim Schlafen beobachtet hat, weiß was ich meine. Es wird gerannt, geschnuppert und gehechelt, was das Zeug hält. Manchmal werden Zähne gefletscht, die Schnauze gekräuselt und die Nackenhaare aufgestellt und ganz gefährlich geknurrt.

Manchmal wird auch nur ganz leise gewufft. Es ist einfach nur knuffig, was unsere Hunde so anstellen. Ich wünschte, ich könnte einmal in die Hundeköpfe hineinschauen.

Die aktuellen Forschungsergebnisse bestätigen uns Hundeeltern übrigens. Hunde scheinen im Traum die gleichen Hirnareale aktivieren wie Menschen. Tintenfische träumen übrigens auch, und das mit neun Gehirnen! Daran sollten wir Menschen uns vielleicht ein Beispiel nehmen.

Wenn ich meine Hunde beim Schlafen ansehe, möchte ich mich am liebsten gleich dazulegen und von ihnen lernen, richtig zu entspannen. Wenn sie noch nicht im Tiefschlaf sind, werden sie vom leisesten Geräusch wach. Sind sie im Tiefschlaf, gibt es Momente, in denen neben ihnen ein Düsenjet starten könnte. Ohne dass sie es bemerken würden. Das passiert allerdings eher selten, vielleicht bei einem von zehn Nickerchen.

Ein anderes Mal reicht dann wieder eine summende Fliege, um den Hund aus seinem wohlverdienten Schlaf zu reißen.

Ella ist eher auf der nervösen Seite und schläft immer noch nicht so leicht ein. Während ich diese Zeilen schreibe, liegt sie allerdings auf dem Sofa und schnarcht leise vor sich hin. Fly liegt in unserem Bett, noch schafft er es dort hinauf. Er ist eher ein leiser Schläfer und macht nur selten Geräusche. Manchmal werde ich nachts wach und fühle, ob er noch wach ist. Das habe ich früher auch gemacht, als meine Kinder Babys waren.

Wenn er so richtig tief schläft, ist kaum eine Bewegung zu spüren. Das ein oder andere Mal war ich echt beunruhigt. Ella schnarcht manchmal so laut, dass ich wach werde und sie wecken muss, damit ich überhaupt weiterschlafen kann. Und ich weiß immer noch nicht, wovon die beiden träumen. Das werde ich wahrscheinlich auch nie erfahren. Schade eigentlich.

KAPITEL 24 DAS WAR ES

Damit bin ich am Ende meiner Lebensbeichte angekommen. Danke, liebe Leserinnen und Leser, dass ihr es bis hierhin mit mir ausgehalten habt.

Für alle die, die ein paar Seiten überschlagen haben und zuerst das Ende lesen: Auch Abkürzungen führen zum Ziel, ist für mich also okay. Schließlich habt ihr dieses Buch (hoffentlich) gekauft, von daher könnt ihr damit machen, was ihr möchtet.

Falls ihr noch überlegt, ob ein Hund in euer Leben passt: Ja, aber nur, falls ihr euch wirklich für die nächsten zehn bis fünfzehn Jahre verpflichtet, euch um euren Vierbeinigen Kumpel zu kümmern. Vergesst das nicht! Es gibt zu viele traurige Hunde in unseren Tierheimen, bitte lasst es nicht noch mehr werden.

Jetzt muss ich aufhören, die Hunde müssen raus. Und danach essen.

NACHWORT

Bella ist schon ganze vier Jahre tot und mein Buch immer noch nicht fertig. Das sagt einiges über meine Zeitmanagement-Fähigkeiten aus. Oder auch nicht.

Ich vermisse sie immer noch.

Danken möchte ich an dieser Stelle meiner Familie, die mich unterstützt und mir den Rücken freigehalten hat, wie man so schön sagt.

Außerdem danke ich meinen Lehrmeistern, Ella und Fly, für viele Lektionen in Hundephilosophie und Hundeleben.

Das könnte mein nächstes Buch werden, wenn ich so recht darüber nachdenke.

Ich danke euch, liebe Leserinnen und Leser. Ich hoffe, ihr hattet Spaß auf dem Weg.

Macht`s gut und danke für das Hundefutter.

Euer Kay